Printed in the USA
CPSIA information can be obtained
at www.ICGtesting.com
CBHW070739180824
13253CB00059B/977

9 789358 726060

نوبل پرائز سے آگے

(مضامین)

مرتبہ:

اعجاز عبید

© Taemeer Publications LLC
Nobel prize se aage *(Essays)*
by: Aijaz Ubaid
Edition: August '2024
Publisher :
Taemeer Publications LLC (Michigan, USA / Hyderabad, India)

ISBN 978-93-5872-606-0

مرتب یا ناشر کی پیشگی اجازت کے بغیر اس کتاب کا کوئی بھی حصہ کسی بھی شکل میں بشمول ویب سائٹ پر اَپ لوڈنگ کے لیے استعمال نہ کیا جائے۔ نیز اس کتاب پر کسی بھی قسم کے تنازع کو نمٹانے کا اختیار صرف حیدرآباد (تلنگانہ) کی عدلیہ کو ہو گا۔

© تعمیر پبلی کیشنز

کتاب	:	**نوبل پرائز سے آگے** (مضامین)
جمع و ترتیب / تدوین	:	**اعجاز عبید**
صنف	:	غیر افسانوی نثر
ناشر	:	تعمیر پبلی کیشنز (حیدرآباد، انڈیا)
سالِ اشاعت	:	۲۰۲۴ء
صفحات	:	۱۶۸
سرورق ڈیزائن	:	تعمیر ویب ڈیزائن

فہرست

(۱) تقدیم	6
(۲) ابتدائیہ	14
(۳) ا۔۔۔اِقتصادیات	16
(۴) ۲۔اِنسانی حقوق	18
(۵) ۳۔۔۔فطری یا غیر فطری ضابطۂ حیات	19
(۶) حرفِ آغاز	25
(۷) معیشت کے نام پر اِنسان کو بیوقوف بنانے والے	29
(۸) وجوہاتِ جرم-انسانی عقل کی نارسائی اور یوٹوپیائی ٹامک ٹوئیاں	38
(۹) معاشروں میں برتری اور عظمت کے معیار	48
(۱۰) حب الوطنی کا زہر	51
(۱۱) مفاد پرستی کا راستہ مسدود کرنے والے قانون کی اساس	66
(۱۲) محرکاتِ جرائم کا حتمی تعین	68
(۱۳) قانون کے خط وخال	74
(۱۴) ایڈز HIV اور میڈیکل سائنس کی لغزش	103
(۱۵) وومن لبریشن کے نام پر ٹھوکریں	112
(۱۶) ضابطۂ قانون اور طریقہ نفاذ	140
(۱۷) نفاذِ قانون کے بعد کا سماجی منظر نامہ	150

تقدیم

شاید یہ جاں نثار اختر کا شعر ہے۔

ہم نے اِنسان کے دُکھ درد کا حل ڈھونڈ لیا
کیا برا ہے اگر افواہ اُڑا دی جائے

کچھ اِسی قسم کی کیفیت ہم سب احبابِ مجلس ادارت کی بھی ہے۔ فرق صرف یہ ہے کہ دُکھ درد کا جو انوکھا حل ہمیں صاحبانِ فکر و دانش سے ملا ہے اُسے افواہ قرار دینے کو تیار نہیں ہیں بلکہ فی الواقعہ اُسے تمام اِنسانی درد کا درماں سمجھے ہوئے ہیں کیونکہ یہ حل اِس اعتبار سے ناقابل موازنہ ہے کہ یہ نہ تو حکام کی نیک نیتی سے مشروط ہے اور نہ ہی اپنے خلا اور سقم کو وعظ و نصیحت سے بھرنے کی کوشش کرتا ہے۔ یہ حل صرف آئینی اور قانونی نظام پر مبنی ہے۔

اِس تحریر پر علیحدہ سے دیباچہ لکھنے کی ضرورت تو نہ تھی، اِس لیے کہ یہ کوئی فکشن کی کتاب نہیں بلکہ اِس کی ہر سطر میں قاری اُسی طرح براہ راست مخاطب ہے جس طرح دیباچے میں ہوتا ہے۔۔۔ لیکن چند گزارشات ضروری تھیں۔

دنیا میں دو طرح کے اِنسان پائے جاتے ہیں۔ ایک وہ جو بھیڑ بکریوں کی مانند ہیں اور انہیں اِس فکر سے کوئی دلچسپی نہیں ہوتی کہ انہیں جس راستے پر ہانکا جارہا ہے وہ منزل کی طرف جاتا بھی ہے یا نہیں؟۔۔۔ اور دوسرے وہ جن کی سوچ گلہ بان جیسی ہوتی ہے۔ یہی

لوگ اِنسانیت کی قیادت جنم دیتے ہیں۔ ان میں سے جو لوگ مخلص ہیں اور سچے دل سے بے لوث ہو کر اِنسانیت کی زبوں حالی اور دُکھ درد پر درماں کے آرزومند ہوتے ہیں، اِس تحریر کے مخاطب وہی ہیں، چنانچہ اے عزیز قاری! اگر آپ ایسے نہیں ہیں اور آپ کو اپنے پیٹ کے علاوہ Rest of the World سے کوئی دلچسپی نہیں ہے تو یہ تحریر آپ کیلئے بیکار ہے، اِسے یہیں چھوڑ دیجیے ورنہ خوامخواہ سر درد کی دوا کھانی پڑے گی۔

ضروریاتِ زندگی حاصل کرنے کیلئے انسان کو محنت کرنا پڑتی ہے لیکن کئی لوگ اِس محنت سے جی چراتے ہیں۔ اب محنت کے بغیر کسی بھی شخص کیلئے ضروریاتِ زندگی حاصل کرنے کا طریقہ یہی ہو سکتا ہے کہ اُس شخص کیلئے کوئی دوسرا فرد یا افراد محنت کریں اور اِن دوسرے افراد کی محنت کے ثمر میں سے کچھ حصہ اسے حاصل ہوتا رہے اور یوں وہ ہاتھ ہلائے بغیر دولت مند بنتا چلا جائے۔ اس مقصد کیلئے دو راستے جائز سمجھے جاتے ہیں، ایک گداگری اور دوسرا قانونی جواز۔ جو لوگ بھیک نہیں مانگنا چاہتے اور محنت کیے بغیر دولت مند بنتے ہیں اور جن کا نام قرآن میں مترفین رکھا گیا ہے ان لوگوں کا طریق امارت یہ ہوتا ہے کہ دوسرے لوگوں کی محنت کے ثمر میں سے کچھ حصہ اس طرح حاصل کر لیتے ہیں کہ اس حصول کیلئے انہیں قانونی جواز اور تحفظ فراہم ہوتا ہے۔ اس جواز اور تحفظ کیلئے صرف تین سسٹمز، تین ہتھکنڈے ممکن ہیں۔ قوت و اقتدار کے زور پر چھین لینا، سرمایہ کاری کی بنیاد پر منافع لینا، مذہبی عقائد یا انسانی ہمدردی کے نام پر لوگوں کو بیوقوف بنا کر دولت اینٹھنا۔

قرآن نے ان تینوں سسٹمز کو بالترتیب فرعون، قارون اور ہامان کا نام دیا ہے اور طاغوت اس آئین مملکت کا نام ہے جو ان تینوں سسٹمز، ان انسٹیٹیوشنز کو قانونی اعتبار سے جائز ہونے کی سند عطا کرتا ہے۔

فرعون اقتدار حاصل کرنے کیلئے قارون سے فنانشل سپورٹ لیتا ہے اور پھر اقتدار کی قوت کے ذریعے ٹیکس اور انفلیشن کی صورت میں فرعونیت کے اس جواز کو اپنے لیے قانونی شکل دیتا ہے جبکہ دوسری طرف قارون کو اس کی سرمایہ کاری پر منافع حاصل کرنے کیلئے قانونی تحفظ فراہم کرتا ہے۔ اسے کیپیٹل ازم کہتے ہیں۔

ہامان کا کاروبار یہ ہوتا ہے کہ مذہب اور انسانی ہمدردی کے نام پر اپنے لیے لوگوں سے مال اینٹھنے کے ساتھ ساتھ فرعون کی فرعونیت کو کیموفلاژ کرے اور لوگوں کے سامنے فرعون کو ظل الٰہی قرار دیتا رہے تاکہ فرعون خود ہامان کے وجود کو سند جواز یعنی دولت اینٹھنے کی آزادی دستیاب رکھے چنانچہ وہ سامری بن کر چرب زبانی کے ذریعے لوگوں کو اپنے گرد جمع کرتا ہے، ان سے مذہب کے نام پر زر و مال کا مطالبہ کرتا ہے اور اس مال وزر سے بچھڑے کا بت یعنی کسی مذہبی مسلک کا ایک ہیڈ کوارٹر بناتا ہے جس کے اندر سے فرقہ بندیوں کی نئی نئی آوازیں نکلتی ہیں، تب یہ سامری سورہ طاہا کی آیت ۸۸ کے انداز میں لوگوں سے کہتا ہے کہ یہی وہ مسلک اور عقیدہ یعنی الٰہ ہے جو تمام رسولوں کا الٰہ تھا اور تم اپنے رسول سے سمجھ نہیں سکے چنانچہ میں سمجھا رہا ہوں، اب اسی مسلک کے پیچھے پیچھے چلو اور اسی کی نشاۃ ثانیہ، اسی کو قائم کرنے کیلئے جان مال وقف کرو تاکہ آخرت کی نجات حاصل کر سکو، وغیرہ وغیرہ۔۔۔ اور یوں سادہ لوح بیچارے لوگ فرقہ بندیوں میں منقسم ہو جاتے ہیں۔

کسی بھی مذہب کے ہر غلط مسلک ہر خبیث فرقے کا طریقۂ واردات یہی ہے کہ لوگوں کو دو نکتے باور کرا دیے جائیں، پہلا یہ کہ حاکم کے بنائے ہوئے ملکی قانون کی اطاعت سے خدا خوش ہو گا، اس کی بھی مان کر چلو، اور دوسرا یہ کہ ہمیں بھی مال وزر پیش کرو یعنی خوب محنت کرو اور پھر فرعون کو ٹیکس کے نام پر ادائیگی کرتے رہو اور ہمیں زکوٰۃ

و سخاوت کے نام پر، اس ادائیگی کے نتیجے میں تمہاری اپنی زندگی خواہ اذیت بھری بن جائے، پروا مت کرو، یہ دنیا ایک مسافر خانہ ہے، اصل زندگی آخرت کی ہے اور اس کے ٹھیکیدار ہم ہیں، تم ہمیں اِس دنیا میں چندے، کھالیں، صدقات وغیرہ پیش کرو، ہماری اجارہ داری جنت پر ہے اور ہم تمہیں اس جنت میں داخلہ دیں گے۔۔۔ کسی بھی مذہب کے کسی بھی فرقے کا مطالعہ کر لیجئے، لب لباب یہی اخروی زندگی کے نام پر دھوکا دہی نکلے گی اور بین السطور یہی ہو گا کہ دوسروں کی محنت کا ثمر اینٹھیں۔

فرقہ بندیوں سے پراگندہ اذہان کیلئے ہامان کی ایک اور قسم این جی اوز کے نام سے نمودار ہو چکی ہے۔ یہ ہامان مذہب کو درمیان میں لائے بغیر براہ راست انسانی ہمدردی کی دُکھتی رگ چھیڑ کر لوگوں کے ضمیر کو بلیک میل کرتا ہے، مقصد وہی ہے کہ مخیر حضرات سے سخاوت کے نام پر مال وزر اینٹھا جائے۔

قارون اور ہامان کا محافظ فرعون ہوتا ہے لہٰذا اگر فرعونیت کا ناطقہ بند کر دیا جائے تو قارونیت اور ہامانیت بھی دم توڑ جائے گی۔ سارا قرآن اسی ناطقہ بندی کے نظام کی تعلیم دے رہا ہے جس کو ہامان صدیوں سے جان بوجھ کر اوجھل رکھے ہوئے ہے اور اسی پوشیدگی کی وجہ سے انسانیت ایک آئیڈیل نظام کی تلاش میں ٹامک ٹوئیاں مار رہی ہے۔

سرمایہ دارانہ نظام کے بارے میں گزشتہ سطور میں ذکر ہو چکا کہ یہ نظام محنت کیے بغیر محض سرمایہ کاری کے جواز پر منافع حاصل کرنے کو جائز قرار دیتا ہے۔ اب ہر باشعور ذہن جانتا ہے کہ دولت کمانے کا یہ انداز معاشرے کیلئے زہر کے مترادف ہے کیونکہ اس طرح ہر محنت کرنے والے کو دوسروں کی ضروریات بھی پوری کرنا پڑتی ہیں، لیکن بدقسمتی سے اس کا کوئی بہتر متبادل، کوئی ٹیکس فری ایسا نظام آج تک انسان کی سمجھ میں نہ آ سکا جس میں ہر شخص کو اس کی محنت کا پورا پورا ثمر بھی مل جائے یعنی ٹیکس بھی نہ لگے اور

معاشرے کی اجتماعی ضروریات بھی پوری ہوتی رہیں۔

انسان کا ذہن زیادہ سے زیادہ کمیونزم تک پہنچ سکا لیکن یہ نظام مزید بدتر ثابت ہوا کیونکہ اس میں زیادہ محنت کرنے والے کو زیادہ ثمر ملنے کی کوئی صورت دستیاب نہیں تھی اور کم محنت کرنے والے کو اجرت میں کمی کا خوف نہیں تھا، چنانچہ محنت کا جذبۂ محرکہ کم ہوتا چلا گیا۔

دوسری طرف الہامی وحی یعنی قرآن کے فہم کی طرف توجہ نہ دی گئی کیونکہ ہامان کو یہ بات گوارا نہ تھی کہ لوگوں کے لیے ہدایت کا دروازہ براہ راست کھل جائے۔ اس کی بھرپور کوشش یہی تھی کہ لوگ اسی بات کو راہ ہدایت مانیں جو اس کے منہ سے نکلے۔۔۔ چنانچہ ایسا فول پروف نظام آئینی شکل میں مرتب نہ ہو سکا جو اخلاقیات کا ڈھکوسلہ لیے بغیر کسی بھی معاشرے کو طبقاتی امتیاز، محرومیوں اور جرائم سے پاک ایک جنت نظیر معاشرے کا روپ دے سکے۔ اس نظام کی پہلی خوبی یہ ہونی چاہیے تھی کہ یہ نظام تینوں زہریلے انسٹیٹیوشنز یعنی فرعون، ہامان اور قارون کا تریاق بن سکے۔ اس زہر کی ہی ایک قسم کا نام ہوس زر ہے۔ زیر نظر تحریر ایسا ہی ایک نظام کفالت و روزگار دے رہی ہے جس کا کوئی شائبہ تک ہمارے علمی انبار میں اس سے پہلے نہیں تھا کیونکہ اسے غلام لونڈیوں کا نظام قرار دے کر طاق نسیاں میں پھینکا جا چکا تھا۔

اس تحریر میں کہا گیا ہے کہ یہ نظام قرآن سے ماخوذ ہے، ممکن ہے اس دعوے سے اختلاف ہو سکے، لیکن میری رائے میں یہ بات تقریباً ناممکن ہے کہ اس کے فول پروف ہونے پر دو رائے پائی جائیں۔ اول الذکر اختلاف کا تعلق آخرت سے ہے اور یوں یہ ہر فرد کا ذاتی معاملہ ہے جس پر بحث بیکار ہے جبکہ اس سسٹم کے فول پروف ہونے یا نہ ہونے پر اسوۂ ابراہیمی یعنی عقل اور منطق کے تناظر میں ضرور بحث ہونی چاہیے۔ اس

سسٹم کا مرکزی نکتہ یہ ہے کہ چونکہ ہر شخص اپنے افعال کا مسئول اور جوابدہ ہے لٰہذا اسے یہ اختیار ہونا چاہیے کہ وہ جس صوابدیدی رائے، جس تحقیق یا جس فقہ کو بہتر سمجھے اسے بطور قانون اپنی عملداری، اپنی چاردیواری میں نافذ کرنے کیلئے آزاد رہے تاکہ اس سے جواب دہی کا جواز پیدا ہو سکے، مثال کے طور پر اگر کوئی فرد یہ سمجھتا ہے کہ اسے اپنے گھر میں بھی ایسا لیبر ایکٹ یا عائلی قانون جسے وہ خود حکم الٰہیہ سمجھتا ہے، دستیاب ہی نہیں ہے تو اس سے زنا کے گناہ پر باز پرس کیسے کی جاسکتی ہے؟۔۔ آزادی کا یہی تصور اور اپنے لیے قانون سازی کا اختیار اس فول پروف نظام کا میگنا کارٹا ہو سکتا ہے جو اس تحریر میں آپ کے زیر نظر آئے گا۔

یہ ایک ایسا انوکھا اور فراخ دل قانونی نظام ہے جو نہ تو معاشرے میں موجود کسی دوسرے قانون کو منسوخ کرتا ہے اور نہ ہی سوشلزم کی طرح معاشرے کے کسی بھی فرد کو محض اپنے تحت چلنے پر مجبور کرتا ہے بلکہ ہر شہری کو حق دیتا ہے کہ وہ اِس قانون کو اِختیار کرے یا اِس کی بجائے پہلے سے مروجہ سسٹم ہی اپنائے رکھے، لیکن اِس کے باوجود یہ قانون معاشرے کو مسائل سے یکلخت پاک کر دینے کا ضامن ہے۔ گویا یہ قانون کسی بھی ملک کے آئین کی کتاب میں اِسی طرح ہے جیسے کسی ریسٹوران کے منیو میں ایک ایکسٹرا ڈِش۔۔۔ اور یہ ڈِش ہر اُس معاشرے کو تمام مسائل سے آناً فاناً نجات کی گارنٹی دیتی ہے جو اِس کو اپنے شہریوں کیلئے دستیاب کر دے۔ اِس تحریر میں اِسی ڈِش، اِسی قانونی نظام کی تشکیل کے مدارج زیر نظر لائے گئے ہیں۔

ہر چند اِس مقالے کا بنیادی خیال پیش کرنے والوں نے آسمانی کتب بالخصوص قرآن سے ہی اکتساب کیا ہے تاہم اِس تحریر کے ابتدائی سولہ ابواب میں جہاں اِس نظام کی تشکیل اور ثمرات کا ذکر ہے، آپ کو مذاہب کے حوالے بہت کم ملیں گے۔ اِس کی وجہ یہ

ہے کہ اِس پیغام کو کسی ایک معاشرے یا کسی ایک مذہب کے ماننے والوں تک محدود کرنا مقصود نہیں ہے بلکہ مد نظر پہلو یہ ہے کہ وہ لوگ جو مذہب کی بجائے صرف عقل و منطق کی بنیاد پر اُس آفاقی نظام کو سمجھنا چاہیں ان کیلئے بھی اتمام حجت ہو سکے لہٰذا آخری دو چار ابواب کے سوا یہ تجزیہ اکثر و بیشتر کائناتی مشاہدات، اِنسانی تاریخ اور منطقی نتائج پر ہی اُستوار کیا گیا ہے۔

بطور مدیر میری کوشش یہ رہی ہے کہ طرز تحریر کو سادہ اور سلیس رکھوں اِسی لیے میں نے علمی تحقیقی موضوعات زیر بحث لاتے ہوئے بھی عام فہم اُسلوب اور دور حاضر کی اصطلاحات کو مقدم رکھنا چاہا ہے اور بعض اہم تر نکات کی تکرار بھی کی ہے چنانچہ اِس میں خلا اور سقم کا رہ جانا بعید از امکان نہیں۔ اگر آپ کی نگہ بصیرت کے دائرے میں ایسا کوئی معاملہ آئے اور آپ اِس پر خاموش رہیں تو آپ مجھ سے بڑے مجرم ہوں گے کیونکہ اِس کا مطلب یہ ہو گا کہ آپ اِس کام کیلئے مجھ سے زیادہ اہل تھے اور آپ پر اِنسانیت کا جو قرض عائد ہوتا ہے اُس کا بوجھ مجھ سے بھی بھاری تھا جو آپ نے ادا نہیں کیا۔

دوسری گزارش یہ ہے کہ چونکہ آئندہ صفحات میں کچھ ایسا آپ کی نظر سے گزرے گا جو اُردو تو درکنار، کسی بھی زبان میں پہلے ذکر نہیں کیا گیا چنانچہ عین ممکن ہے کہ کسی مقام پر کہی جانے والی بات قدرے گنجلک محسوس ہو اور ذہن میں بہت سے سوالات پیدا ہوں۔ ایسی صورت میں بلا توقف اِسے پڑھتے چلے جایئے، اگلی چند سطور کے اندر اور آخری ابواب میں انشاء اللہ بات واضح ہو جائے گی اور ذہن میں اٹھنے والے سوالات کا جواب مل جائے گا۔ اسی حوالے سے یہ بھی استدعا ہے کہ دوران مطالعہ کوئی رائے قائم نہ کیجیے۔ یہ تحریر ایک بڑے منظر کی مثال ہے، منظر کا کوئی ایک گوشہ پورے لینڈ سکیپ کی آئینہ داری نہیں کر سکتا۔ کتاب کا مطالعہ مکمل کیے بغیر اس پر محاکمہ قرین انصاف نہ ہو

گا۔

اِس تحریر کو حتی المقدور مختصر رکھا گیا ہے کیونکہ ہماری خواہش یہ ہے کہ قارئین اِسے ایک ہی نشست میں پڑھیں تاہم اگر آپ کیلئے ایسا ممکن نہ ہو تو براہ کرم اِسے کم از کم دو بار پڑھیے اور ایسے وقت میں پڑھیے جب آپ کا ذہن تازہ دم ہو اور تھکا ہوا نہ ہو کیونکہ اِس میں جو کچھ ذکر کیا گیا ہے وہ اِس سے پہلے کسی بھی زبان یا کسی بھی علم کے حوالے سے آپ کے زیر نظر نہیں آیا چنانچہ یہ کہنا شاید درست نہیں ہو گا کہ اِسے قسطوں ٹکڑوں میں بس ایک ہی دفعہ سرسری طور پر پڑھ لینے سے اِس کے بین السطور کا احاطہ کیا جاسکتا ہے۔

یہ تحریر کسی ایک ملک یا معاشرے کے تناظر میں نہیں بلکہ پوری اِنسانیت کو مدنظر رکھ کر لکھی گئی ہے لہٰذا اِستدعا ہے کہ کسی ملک کے آئین کو اِس پر مشتعل نہ ہونے دیا جائے۔

اِس پیغام کو دنیا کے ہر باشعور فرد تک پہنچانا ہمارے حلقۂ اہل فکر کا مقصود نظر ہے۔ ظاہر ہے کہ یہ کام فردِ واحد کی اِستطاعت میں نہیں ہے، اور میری اِستطاعت میں صرف یہ ہے کہ اِس کارِ عظمت کیلئے آپ سے اِستدعا اور اِس کیلئے اپنی ممنونیت کا پیشگی اِظہار کروں چنانچہ سند کی خاطر عرض ہے کہ اِس تحریر کو یا اِس کے کسی حصے کو من و عن شائع کرنے، بیان کرنے یا کسی بھی زبان میں ترجمہ شائع کرنے کی اجازت لینے کی کوئی ضرورت نہیں۔ اِس حوالے سے آپ سے التجا یہ بھی ہے کہ اِس فائل کو ای میل کے ذریعے بھی زیادہ سے زیادہ لوگوں تک پہنچایئے، کیا عجب آپ کا یہی عمل پورے کرۂ ارض کو جنت بنانے کا ذریعہ بن جائے۔

***

ابتدائیہ

اِس جستجو کی ابتدا تب ہوئی جب سلمان رشدی، پوپ اور دیگر معترضین کے آج کے جدید دور کے حوالے سے اِسلام پر ہونے والے اعتراضات سامنے آئے اور پھر اِن کا خاطر خواہ جواب یعنی عقائد و اِخلاقیات سے بلند تر ایک قانونی اور منطقی ایسا مدلل جواب اُردو کے تمام تر تاریخی اِسلامی علمی تحقیق و تدبر کے انبار میں موجود نہ پایا جو خود معترض اور دیگر غیر مسلم دنیا کو بے اِختیار دین کی عظمت کا قائل کر دے۔

تب ایسا خاطر خواہ جواب ہم چند احباب نے خود ڈھونڈنا چاہا اور پھر بہت سی لرزہ خیز حقیقتوں کی نقاب کشائی ہوئی جن میں پہلی حقیقت یہ تھی کہ دین کے متعدد پہلوؤں سے غیر مسلم تو در کنار، خود ہم بھی لا علم رکھے گئے ہیں اور یہی وجہ ہے کہ اِسلام پر ہونے والے اعتراضات پر مبنی لٹریچر پر پوری اِسلامی دنیا میں پابندی بھی عائد ہے۔

اِس پابندی کی وجہ مذہبی قیادت کی طرف سے بالعموم یہی پیش کی جاتی رہی ہے کہ اگر ایسا نہ کیا جائے تو عام آدمی کے گمراہ ہو جانے کا احتمال ہے۔۔۔ یہ دلیل نہ صرف قرآنی ہدایت یعنی "دعوت علیٰ وجہ البصیرت" کے خلاف ہے بلکہ پہلی ہی نظر میں بودی دکھائی دے جاتی ہے کیونکہ اگر محض گمراہی کا اندیشہ ہی مد نظر تھا تو اِس مواد کو عقلی جوابات اور منطقی دلائل کے ساتھ پیش کرنے میں کونسا امر مانع تھا؟

در حقیقت ہمارے پاس ان اعتراضات کی کماحقہ تردید کیلئے ایسے مشاہداتی سائنسی اور تجزیاتی دلائل موجود ہی نہیں تھے جو دعوت علیٰ وجہ البصیرت کی کسوٹی پر پورے اتر

سکیں اور عقائد و اِخلاقیات کے سہارے کے بغیر اِسلام کو عقلی اعتبار سے دور جدید کے تناظر میں دنیا کا بہترین اقتصادی اور عائلی نظام ثابت کر سکیں۔

بے بضاعتی اور بے بسی کا یہی احساس اِس جستجو کے محرکات میں شامل ہے جس کا ثمر یہ ملا کہ نہ صرف بنی نوع اِنسان کے جملہ مسائل کا فوری اور یقینی حل بھی سامنے آگیا بلکہ بڑے بڑے علوم مثلاً اقتصاد و معاشیات، نفسیات، طب (یعنی میڈیکل سائنس) سوشیالوجی اور انتھراپالوجی وغیرہ کے بنیادی خطوط کی اصلاح بھی ہو گئی اور یوں ان قبیح اعتراضات کے مؤثر جوابات بھی ضمنی طور پر خود بخود سامنے آ گئے۔ ذیل میں انہی اعتراضات میں سے چند ایک "نقل کفر کفر نباشد" کے مصداق نقل کیے جا رہے ہیں۔ ان کا تفصیلی جواب آئندہ ابواب میں انشاء اللہ آپ پر واضح ہو جائے گا۔

٭٭٭

ا۔۔۔اِقتصادیات

اِسلام کوئی نظام معیشت نہیں دیتا؟

وضاحت:۔ معترضین کی نظر میں اِسلام سماجی خوشحالی اور طبقاتی مساوات کیلئے کوئی منفرد قانونی نظام پیش کرنے کی بجائے صرف اِخلاقیات یعنی خیرات وسخاوت کا سہارا لیتا ہے یا چند پابندیاں عائد کرتا ہے مثلاً سود پر پابندی اور ٹیکسوں کی شرح پر پابندی یعنی صرف زکوٰۃ کی متعین مقدار، جسے دفاعی اور فلاحی ضروریات کیلئے اقتصادی ماہرین ناکافی سمجھتے ہیں۔ اگر دیگر حکومتی ٹیکسوں یعنی انکم ٹیکس، کسٹم، ایکسائز، آزادانہ درآمد وبرآمد پر قدغن، کرنسی کی ڈی ویلیویشن اور دیگر بالواسطہ اور بلاواسطہ ٹیکسوں اور ڈیوٹیوں کو جائز سمجھ لیا جائے تو یہ اعتراض اور بھی حقیقت کے قریب محسوس ہونے لگتا ہے کہ اِسلام میں معاشی نظام کی حد تک کوئی نیا تصور نہیں ہے۔

آسان الفاظ میں یوں کہا جا سکتا ہے کہ اگر اِسلامی آئینی نظام قابل عمل ہے، اخلاقیات کا سہارا لیے بغیر اپنی قانونی ترتیب میں ہی مکمل اور بے عیب ہے اور کسی بھی معاشرے کی اقتصادیات کو خارجی سہاروں کے بغیر فوری اور بھرپور توانائی بخش سکتا ہے تو وہ نظام کہاں ہے؟

اِس کے جواب میں ہماری مذہبی قیادت قانونی نظام میں موجود خلا کو اِخلاقیات یعنی سادگی، سخاوت، خیرات، ایثار و قربانی اور بھائی چارہ وغیرہ، از قسم اِخلاقی اقدار سے بھرنے کی کوشش کرتی ہے حالانکہ اگر سوچا جائے تو کونسا معاشرہ ایسا ہے جو ان اقدار کی

اجازت نہ دیتا ہو۔ اصل اعتراض یہ ہے کہ اِسلام میں اِخلاقیات سے قطع نظر وہ "قانونی" خوبی کیا ہے جو کسی دوسرے نظام میں نہیں اور اِس دین کی قبولیت کیلئے جواز بن سکتی ہے۔ مثال کے طور پر اگر سود پر پابندی ہے تو پھر نقص سے مبرا اور بہتر اور اِخلاقیات و سخاوت کے سہارے سے ماورا، وہ متبادل کونسا ہے جو "اور کہیں" نہیں ہے اور جس کے بعد معاشرے میں سود کی ضرورت ہی ختم ہو جاتی ہے؟

جن مفکرین کو اِسلامی تحقیق کی تاریخ میں اِس خلا کا تلخ احساس ہوا انہیں بھی سوائے جبر کے، اور کوئی راستہ دکھائی نہ دیا اور یوں ان میں سے بعض اشتراکیت اور کمیونزم کو ہی ہیئت ترکیبی کے اعتبار سے عین مطابق اِسلام سمجھ بیٹھے حالانکہ یہ نظامِ اشتراکیت جبر و اکراہ پر مبنی ہونے کے باعث "یدخلون فی دین اللہ افواجا" کا منظر تشکیل نہیں دے سکتا یعنی ایک دوسری قرآنی کسوٹی پر پورا نہیں اترتا اور یوں یہ مطابق اسلام کہلا ہی نہیں سکتا۔

درست اندازِ فکر کا تقاضا یہ ہونا چاہیے تھا کہ مروّجہ آئینی نظاموں سے اُوپر اُٹھ کر نگاہِ بصیرت دوڑائی جاتی یعنی یہ جستجو کی جاتی کہ وہ کونسا ایسا قرآنی اصول ہے جسے ہم او جھل کیے بیٹھے ہیں اور جس کی آئینی موجودگی میں ہر مفاد پرستانہ قانون موجود ہونے کے باوجود غیر مؤثر اور بے حیثیت ہو سکتا ہے، جس کی موجودگی میں معاشرے سے ہوس زر ختم ہو جاتی ہے اور یوں بنیادی حقوق کے سلب کیے جانے کا، سوشلزم اور جبر و اکراہ کا کوئی احتمال بھی نہیں رہتا۔

***

۲۔ اِنسانی حقوق

کیا اِسلام میں اِنسان کی غلامی Slavery جائز ہے؟

وضاحت:۔ اگر قرآن نے اِنسان کی غلامی کو جائز قرار دیا تھا تو اب کیوں اِسے ناجائز مان لیا گیا ہے؟۔۔۔ اور اگر قرآن نے ہی غلامی کو حرام قرار دے دیا تھا جیسا مسلمانوں کے بعض فرقے رائے رکھتے ہیں، تو ہزار سالہ اِسلامی تاریخ میں جو کچھ اِس ضمن میں مذکور ہے وہ کیا ہے؟ اگر یہ دلیل درست مان لی جائے کہ معاشرتی اِرتقاء نزول قرآن کے ہزار سال بعد اِس مقام تک پہنچ چکا تھا کہ تصورِ غلامی کے حوالے سے قرآنی حرام و حلال میں ترمیم ناگزیر ہو چکی تھی جو مذہبی رہنماؤں نے کر ڈالی، تو اِس کا مطلب یہ ہے کہ اِسلام قرآنی ہدایات کی اِطاعت کا نہیں بلکہ تھیوکریسی یعنی مذہبی رہنماؤں کی حاکمیت کا نام ہے۔ مزید یہ بھی کہ کیا اِسی معاشرتی اِرتقاء کے جواز پر سود، شراب اور دیگر ممنوعات کے ضمن میں بھی مذہبی پیشوائیت ایسی ہی ترمیم کر سکتی ہے؟

۳۔۔۔۔ فطری یا غیر فطری ضابطۂ حیات

کیا اِسلام بڑھتی ہوئی آبادی کے حق میں ہے ؟

وضاحت :۔ فلسفۂ تعدِ دِ ازواج اور ایک روایت جس میں اُمت کی زیادتی کو باعث فخر بتایا گیا ہے، کو بنیاد بنا کر یہ اعتراض کیا جاتا ہے کہ اِسلام جدید دور کے تقاضوں سے ہم آہنگ نہیں ہے کیونکہ اِس میں زیادہ اولاد کو بہتر قرار دیا گیا ہے۔ اگر اُمت کی زیادتی بہتر ہے تو اِسے عقلی طور پر کیسے ثابت کیا جاسکتا ہے۔

اس طرح کے متعدد اعتراضات ایسے ہیں جن کا ایسا مؤثر جواب دستیاب نہ ہوا جو پوری انسانیت کو اللہ کے دین میں فوج در فوج داخل کرنے کا منظر تخلیق کر سکے۔ چونکہ وہ اس کتاب کے موضوع سے متعلق نہیں ہیں اس لیے انہیں یہاں درج نہیں کیا گیا۔ ان کا فیصلہ کن اور نتیجہ خیز جواب دوسری ای بک "یہ اسلامی نظام آخر ہوتا کیا ہے" میں ذکر کیا جاچکا ہے۔

یہ جستجو کی ابتدا تھی اور پھر اِسی کے نتیجے میں وہ انوکھا نظام ملا جس میں بنی نوع اِنسان کے تمام مسائل یعنی معاشی، سماجی، طبی، عائلی اور دیگر تمام محرومیوں اور الجھنوں کا خواہ وہ اِجتماعی سطح پر ہوں یا اِنفرادی سطح پر، ہر مسئلے کا ایسا فوری اور حتمی حل موجود ہے جو معمولی عقل کے اِنسان کو بھی با آسانی سمجھ میں آسکتا ہے۔

یہ نظام قرآن سے اخذ کیا گیا ہے مگر یہاں یہ دُکھ بھرا اعتراف ضروری ہے کہ بد قسمتی سے ہم تقریباً دو صدیوں سے قرآن کی اُردو ترجمانی متعدد مقامات پر غلط کرتے

چلے آ رہے ہیں اور چونکہ ذہنوں میں شخصیت پرستی اِس حد تک پختہ کر دی گئی ہے کہ ہم اکابرین سے ہونے والی خطا کو تسلیم کرنے پر آمادہ نہیں ہیں لہٰذا لغزش پر لغزش ہو رہی ہے اور یہی سارے فساد کی جڑ ہے۔

ہر سمجھدار شخص بخوبی جانتا ہے کہ کسی بھی معاشرتی نظام میں موجود خلا کو محض اِخلاقیات اور پند و نصائح سے بھرا نہیں جا سکتا۔ یہی وجہ ہے کہ پند و نصائح کی بھرمار کے باوجود معاشرے سے سدھار ختم ہوتا جا رہا ہے اور یہی وہ نکتہ ہے جسے معاشرتی نظام کے مینوفیکچررز ادراک کرنے سے قاصر ہیں۔ وہ جہاں بھی قانونی طور پر بے بس ہوتے ہیں، ان کے پاس سزائیں شدید کرنے اور اِخلاقی اقدار کا درس دینے کے سوا کوئی راستہ نہیں رہتا حالانکہ آج بنی نوع اِنسان کی اصل ضرورت اِخلاقیات کی تدریس سے زیادہ بے عیب قانونی نظام کی تکمیل اور دستیابی ہے اور نظام کی پہچان یہ ہے کہ اُسے اِخلاقیات کے سہارے کا محتاج نہیں ہونا چاہیے، مثال کے طور پر یوں سمجھ سکتے ہیں کہ اگر اہل ثروت اِنفرادی صدقات و خیرات کرنا بند کر دیں تو اِس سے غریب آدمی متاثر نہیں ہونا چاہیے۔ یہی وہ کسوٹی ہے جس پر اِسلام کا نظام اِجتماعی جسے شریعت کی اصطلاح میں دین کہتے ہیں، اپنے سنہری ادوار میں پورا اُترتا رہا ہے اور ہم تاریخ میں لکھا ہوا دیکھتے ہیں کہ اہل ثروت ہاتھ میں خیرات کی رقم لے کر نکلتے تھے اور لینے والا نہیں ملتا تھا۔ یہ سماجی بناوٹ اُس دور میں مروجہ اسی قانون کا نفسیاتی ردعمل تھی اور اِس میں افراد کی اِخلاقی بلندی کا کچھ دخل نہ تھا۔

اِسی کسوٹی کو ملحوظ رکھتے ہوئے اِس نظام کے معاشرتی اور معاشی حصہ کو جو اِس کتاب کا موضوع بھی ہے، ابتدائی ابواب میں مذہبی حوالوں کے ذکر کے بغیر صرف طبی، نفسیاتی، عمرانی اور اقتصادی حوالوں کے ساتھ اور صرف کائناتی حقیقتوں کے تائیدی ثبوت

کے ساتھ عقلی طور پر مرتب کیا ہے اور اِس ضمن میں اِس امر کو بھی ملحوظِ خاطر رکھنے کی کوشش کی ہے کہ کسی بھی میدان کے کسی بھی ماہر کی ذاتی رائے کو حجت نہ بنایا جائے تاکہ دنیا کے کسی بھی فرد کے لیے تعصب کا کوئی احتمال نہ رہے۔

اِس کے بعد کے باب "ضابطۂ قانون اور طریق نفاذ" میں قانونی شقوں کو ترتیب دیا گیا ہے اور اس سے اگلے باب "منظر نامہ" میں اِس نظام کی قانونی اجازت ملنے کے بعد کا معاشرتی منظر چشم تصور پر اُجاگر کیا گیا ہے۔

باری تعالیٰ کی طرزِ رہنمائی کا ہر دَور میں دستور یہ رہا ہے کہ اِس راہنمائی کو اِنسان کے سامنے اُنہی کسوٹیوں پر کھرا اُتارتے ہیں جو اُس دور میں اِنسان نے بطور دلیل اُستوار کی ہوئی ہوتی ہیں۔ اِسی مناسبت سے پیغمبروں کو معجزے بھی عطا ہوئے ہیں۔ حضرت موسیٰ علیہ السلام کے دور میں شعبدہ بازی اور نظر بندی وغیرہ کا جسے جدید سائنس کی اصطلاح میں ہپناٹزم مسمرزم اور ٹیلی پیتھی کہا جاتا ہے، رُعب اور دبدبہ مسلمہ تھا اور اِسی وجہ سے اُنہیں اِسی نوعیت کے معجزات عطا ہوئے تاکہ معاشرے میں حق کی دلیل بن سکیں۔ حضرت عیسیٰ علیہ السلام کے دور میں حق و صداقت کے ثبوت کے طور پر حکمت اور علاج معالجہ کی حیثیت کسوٹی کی تھی۔ اِسی مناسبت سے اُنہیں اِنتہائے حکمت یعنی مسیحائی کا معجزہ عطا ہوا۔ رسالت مآب ﷺ کے دَور میں شاعری اور علم و ادب معاشرے میں کسوٹی کی حیثیت رکھتے تھے۔ قرآن حکیم کی صورت میں ناقابل موازنہ اور زبان و ادب کی انتہائی اعلیٰ خصوصیات کا حامل اُسلوب اِنسان کے سامنے بطور معجزہ لایا گیا۔ اِس سے ظاہر ہوتا ہے کہ باری تعالیٰ اِنسان کو حقیقی فلاح کا راستہ دکھانے کے لیے اپنی طرف سے کوئی نئی کسوٹیاں ترتیب نہیں دیتے بلکہ فطری انداز میں اُنہی کسوٹیوں پر اِس راہنمائی کو پرکھواتے ہیں جو اِنسان نے اپنے دَور میں ترتیب دے رکھی ہوتی ہیں۔ یہاں ہم آپ کو

ایک اِنتہائی اہم نکتے کی طرف لے جانا چاہتے ہیں۔

پہلے انبیاء کو جو معجزے عطا کیے گئے وہ اِک خاص دَور اور خاص معاشرے تک محدود تھے جبکہ نبی کریم صَلَّى اللهُ عَلَيْهِ وَسَلَّم صرف ایک زمانے یا کسی ایک قوم اور معاشرے کے لیے رسول نہیں ہیں بلکہ قیامت تک آنے والے ہر دَور اور پوری اِنسانیت کیلئے رسول ہیں۔ اِس کا مطلب یہ ہے کہ اُنہیں جو معجزہ عطا ہوا یعنی قرآنِ حکیم، وہ صرف ادبی خصوصیات تک محدود نہیں ہے بلکہ قیامت تک آنے والا ہر دَور جس "کسوٹی" پر بھی اِس کی راہنمائی کو پرکھنا چاہے گا وہ اِس پر پورا اترے گا۔

اِس کی مثالیں ہماری تاریخ میں موجود ہیں۔ رسالت مآب صلعم کے دور میں شعر و ادب اور زباندانی کا غلغلہ تھا۔ قرآن اِس کسوٹی پر بطور معجزہ پورا اترا اور دلوں کو مسخر کر گیا۔ پھر عقائد کا دور آیا اور ہمارے اکابرین کی مثالیں موجود ہیں جب عقائد کی بنیاد پر ہونے والے اعتراضات کا حتمی جواب اکابر علماء نے دیا جس کی متعدد مثالیں موجود ہیں، مثلاً ایک واقعہ وہ ہے جس میں عیسائی پادری کے سوالات جو آج ہمیں بچکانہ سے دکھائی دیتے ہیں لیکن کتابوں میں لکھا ہے کہ اُس وقت اِن سوالات نے معاشرے کو ہلا کر رکھ دیا تھا، مثلاً "اللہ کا منہ کدھر ہے، اللہ اِس وقت کیا کر رہا ہے" وغیرہ اور ایسے کئی سوالات کا منہ توڑ جواب قرآن کی روشنی میں اُسی زبان اُسی کسوٹی کے مطابق دیا گیا جو اُس دَور کی ضرورت تھی۔

اِس کے بعد فلسفہ وروحانیت کا دَور آیا اور ہم جانتے ہیں کہ اولیاء اور عارفین کی ایک بہت بڑی جماعت نے معرفت، وجدان اور تصوف اور پھر تبلیغی جماعت از قسم مختلف تعلیمات کی صورت میں سادھ، ویدانت، جوگ، نروان، تپسیا، گیان، بھگتی، شدھی، اہنسا اور دیگر ایسے تمام احمقانہ تصورات کے مقابلے میں دین کو بہترین راہنمائی ثابت کیا جو

دوسرے مذاہب راہنمائی کے لیبل میں سامنے لا رہے تھے۔ یہ سب کچھ دراصل اپنے اپنے ادوار میں افراد کی ذہنی اِستطاعت کے مطابق قرآنی معجزے کا تسلسل ہی تھا۔

اب یہاں وہ اہم ترین مقام جس کی طرف ہم آپ کو لے جانا چاہتے ہیں، یہ ہے کہ آج کا دَور اِنسان کی شعوری ترقی کا دَور ہے اور اِس کے نتیجے میں معاشرے کی غالب اکثریت کی نظر میں حقیقی راہنمائی کو پرکھنے کی آج کی کسوٹی اندھے عقائد و روحانیت، فلسفہ و تصوف یا شعری یا ادبی اُسلوب بیان نہیں بلکہ مشاہداتی و سائنسی اعداد و شمار اور نتائج پر مبنی علمی، منطقی اور تجزیاتی دلائل بن چکی ہے اور اگر اُمت کو دین کی عظمت کے لیے سینہ سپر ہونا ہے تو ذمہ داروں کو اِسی ضرورت کو سامنے رکھتے ہوئے قرآنی احکام کو اِسی عقل و منطق اور شاندار ترین معاشرتی نتائج کی کسوٹی پر کھرا عملاً ثابت کر کے دکھانا تھا۔ یہی وہ اہم نکتہ تھا جس سے ہم اب تک بھاگتے رہے ہیں۔۔۔ اور اب انہی خطوط پر ہونے والی بحمد للہ اُردو میں پہلی کامیاب جستجو کا ثمر یہ تحریر ہے جو آئندہ صفحات میں آپ کے زیر نظر آئے گی۔

آخر میں ایک امر کی وضاحت کر دیں کہ ہماری یہ تحقیق پتھر کی لکیر نہیں ہے اور نہ ہی ہم کوئی مافوق البشر قسم کے لوگ ہیں، ہم سے بھی غلطی، کوتاہی ہو سکتی ہے لٰہذا اِس تحریر کو حرفِ آخر نہ سمجھا جائے۔ یقیناً اِس نظام کے متن میں مزید اِصلاح کی بہت سی گنجائش ہو گی لیکن اِس کا یہ مطلب ہرگز نہیں ہے کہ جب تک پکا پکایا کھانا اِنسان کے سامنے نہ آ جائے اِنسان اُس کی طرف ہاتھ نہ بڑھائے۔ یقیناً جستجو ہر اِنسان کا فرض ہے اور یقیناً ہم سے بہتر اور متعلقہ سائنسی اور علمی میدانوں کے وہ مدبرین جنہیں قرآن نے "اُولوالالباب" کا لقب دیا ہے اور علماء قرار دیا ہے، اِسی موضوع پر بہتر انداز میں گرفت رکھ سکتے ہیں لٰہذا اِس تحریر سے مقصود یہ سمجھا جائے کہ یہ بھی ایک طرح سے متوجہ

کرنے کی ایک کوشش ہے تا کہ اِنسان کے لیے فلاح وسکون کا وہ راستہ جو خالق نے ترتیب دیا ہے، دنیا کے ہر اِنسان کو دستیاب کرنے کیلئے مشاورت کی صورت پیدا ہو سکے۔

آخر میں یہ دُعا کہ باری تعالیٰ ہمیں اصلی ہدایت کے راستے اصلی بے عیب قرآنی قانونی نظامِ مملکت و معاشرت کو دنیا میں سب سے پہلے اِختیار کرنے کی سعادت نصیب فرمائے کیونکہ اگر ہم اپنی عظیم اِسلامی شخصی تاریخ اور ورثے کے تکبر کی غلط فہمی میں بنی اِسرائیل کی طرح مبتلا رہے تو کوئی عجب نہیں کہ باری تعالیٰ اِس مقصد کے لیے کسی بھی دوسری قوم بلکہ یہاں تک کہ خود اہل مغرب کو قبول فرمالے اور یہ امر ہم سب کے لیے ڈُوب مرنے کا مقام ہو گا۔

****

حرفِ آغاز

علامہ اقبال مرحوم نے فرمایا تھا

اِن تازہ خداؤں میں بڑا سب سے وطن ہے

جو پیرہن اِس کا ہے وہ مذہب کا کفن ہے

ایک عرصہ تک یہ شعر نا قابل فہم رہا۔ واضح نہ ہو سکا کہ علامہ اِنسان کو کس فعل سے اور کیوں روکنا چاہتے ہیں؟

کچھ عرصہ قبل قاضی کفایت اللہ نام کے ایک محقق کی تقریر زیر سماعت آئی۔ وہ خدا کے نبی حضرت ابراہیم کے حالات بیان کر رہے تھے۔ فرمانے لگے کہ حضرت ابراہیمؑ نے قوم کو منطقی دلائل سے قائل کرنے کا طریقہ اپنایا اور لوگوں کو مخاطب کر کے کہا کہ تمہاری عقلوں کو کیا ہو گیا ہے، تم اپنے ہاتھوں سے بُت بناتے ہو اور پھر اُن کی عبادت شروع کر دیتے ہو؟۔۔۔ اِس کے بعد محقق موصوف اپنے سامعین کی طرف متوجہ ہوئے اور کہنے لگے کہ دَورِ حاضر میں اِسی مفہوم کو بیان کرنے کیلئے ایک لفظ بدل جائے گا، اب اِسے یوں کہیں گے کہ تمہاری عقلوں کو کیا ہو گیا ہے، تم اپنے ووٹوں سے بُت بناتے ہو اور پھر اُن کی پوجا کرنے لگتے ہو؟؟

یوں وطنیت کا حقیقی تصور ذہن میں اجاگر ہونے لگا اور یہ سمجھنا قطعی دشوار نہ رہا کہ وطن وہ بُت ہے جس کی پرستش کے نام پر اِنسانی آزادی اور حقوق کے حقیقی علمبردار آفاقی قوانین کو معطل کر کے مفاد پرستی کا اور اِنسانیت کو غلام بنانے کا جواز پیدا کیا جاتا ہے۔

آج دنیا میں آئین اور قانون کے تحت ہونے والی تمام زیادتیاں، ٹیکس، جارحیتیں، ظلم، بدعنوانیاں، پابندیاں، لوٹ کھسوٹ، طبقاتی اِمتیاز، آقا غلام اور سسکتے بلکتے بے بس اِنسانوں کے مناظر جن اِختیارات اور قوت و اقتدار کے بل پر تشکیل پاتے ہیں وہ نہ تو فطرت نے اِنسان کو دیئے ہیں اور نہ ہی کسی آسمانی مذہب میں اِن کی گنجائش ہے۔ یہ اِختیارات مادرِ وطن کے نام پر ایستادہ کیے جاتے ہیں۔ بہ الفاظِ دیگر وطن وہ بُت ہے جس کے ذریعے خود ساختہ اور مفاد پرستانہ فرعونی آئین مملکت کی اِطاعت کرائی جاتی ہے، بالکل اِسی طرح جیسے تاریخ میں ہم دیکھتے ہیں کہ لات و منات، عزیٰ، ہبل، سومنات اور اِنقلابِ فرانس سے پہلے چرچ کے نام پر حکام اور پادری اپنی رعایا سے زبردستی نذرانے یعنی ٹیکس لیا کرتے تھے۔

یہاں دو سوال اٹھتے ہیں۔ ایک یہ کہ اِنسان وطن پرستی کی طرف آخر رجوع کرتا ہی کیوں ہے؟ وہ کونسی بنیادی ضرورت ہے جس کی تکمیل کیلئے اُسے ایک اِجتماعی تشخص، ایک پہچان ہر قیمت پر درکار ہوتی ہے اور چونکہ موجودہ دَور میں اِس اِجتماعی تشخص کا راستہ صرف وطنیت دستیاب رکھا گیا ہے لہٰذا وہ اِسی کو اپنانے پر مجبور ہوتا ہے؟؟ کیوں وہ وطن کی پوجا کو حب الوطنی کا نام دے کر جائز بنانے اور اپنے ضمیر کو تھپتھپانے کی کوشش کرتا ہے، وہ جمہوری اِلیکشن، آمریت، بادشاہت، اور سوشلزم، غرض مختلف طریقوں سے اِس بت مندر، اِس وطن کے پجاری متولی متعین کرتا ہے اور پھر ان کے خود غرضانہ قوانین کی طوعاً و کرہاً اِطاعت کرتے ہوئے وہ سلوک برداشت کرتا ہے جو بیگار کیمپ میں غلاموں کے ساتھ کیا جاتا ہے حالانکہ وہ بخوبی جانتا ہے کہ اِس اِطاعت میں وہ نہ صرف ظلم سہہ رہا ہے بلکہ خالق کائنات سے کھلم کھلا بغاوت اور سرکشی کا ارتکاب بھی کر رہا ہے، ایسی مثالیں موجود ہیں جیسے اِسلام کا قلعہ کہلائے جانے والے ملک کے مالیاتی اور عائلی قوانین

میں یہ شق بنیادی حیثیت رکھتی ہے کہ اِن قوانین کے مقابلے میں شریعت کے قوانین زیر کار نہیں لائے جائیں گے۔۔۔ یہ وہی الفاظ ہیں جو فرعون نے کہے تھے لیکن آج ان الفاظ کو بخوبی سمجھنے کے باوجود یہاں کے مسلمانوں کی اکثریت کو اِس بت پرستی کے وقت یعنی اِس قانون کی اِطاعت میں اِس مالیاتی ڈھانچے کو اِختیار کرتے اور نکاح نامہ پر دستخط کرتے ہوئے ذرہ برابر شرمندگی اور ندامت محسوس نہیں ہوتی، آخر کیوں؟؟۔۔۔ یقیناً اِنسان کی کوئی فطری مجبوری ہے جس کے ہاتھوں بے بس ہو کر وہ اِجتماعی تشخص کا ضرورت مند ہوتا ہے اور جس کا مثبت راستہ نہ ملنے پر اُسے وطنیت کو تشخص کا درجہ دینا پڑتا ہے، وہ مجبوری کیا ہے؟؟؟

دوسرا سوال یہ پیدا ہوتا ہے کہ وطن کے نام پر یہ تشخص کس نے بنایا اور اِس میں اُس کی کیا مفاد پرستی پنہاں ہے؟ وہ کون سا اعلیٰ اور فطری تشخص ہے جسے رعایا کو اِختیار کروانے میں یہ مفادات پورے نہیں ہوتے؟ مزید یہ کہ اُس اعلیٰ تشخص تک اِنسانیت کو رسائی حاصل نہ ہو سکے، اِس کے لیے کون کون سے داؤ پیچ اور ہتھکنڈے اِستعمال کیے جاتے ہیں اور اِنسانی نگہ بصیرت میں کیسے دھول جھونکی جاتی ہے؟

اور آخر میں یہ کہ اِس ظلم، بیگار کیمپ کی اِس غلامی سے اِنسان کے نجات پانے کا راستہ کیا ہے کہ جس کے بعد نہ تو معاشرے میں لاقانونیت، بدعنوانی، بدحالی اور جرائم جنم لیں اور نہ ہی کوئی حکومت مختلف بہانوں سے عوام کو بے وقوف بنا کر، وطن کے نام پر ٹیکس اور تجارتی و صنعتی پابندیاں لگا کر ان سے ان کی محنتوں کا ماحصل چھیننا چاہے؟

ان سب سوالوں کے جو حقیقت میں ایک ہی سوال کے مختلف پہلو ہیں، جواب تلاش کرنے کیلئے ہمیں پہلے اِنسانی مجبوریوں کو سمجھنا پڑے گا اور اِس کے لیے اِنسانی ضرورتوں کا حتمی تعین کرنا پڑے گا کیونکہ اِس کے بغیر عوام کو بیوقوف بنانے کا حکومتی

طریقہ واردات واضح نہیں ہو سکتا۔ یہ اِنسانیت کی بد قسمتی ہے کہ آج تک اِنسانی ضرورتوں کے اِس حتمی تعین تک ہمارے علم الانسان Anthropology اور نفسیات کی نظر نہیں پہنچ سکی۔

٭٭٭

معیشت کے نام پر اِنسان کو بیوقوف بنانے والے

کسی بھی معاشرے میں بد اِخلاقی، بدحالی یا جرائم اس وجہ سے نہیں پھلتے پھولتے کہ معاشرے میں وعظ و نصیحت یا اِخلاقی و مذہبی تلقین و تبلیغ کی کمی ہو جاتی ہے بلکہ اس کی وجہ یہ ہوتی ہے کہ ملکی قانون میں سقم اور بگاڑ رکھا گیا ہوتا ہے۔ اہل اقتدار آئین و قانون کو اِس طرح تشکیل دیتے ہیں کہ اُسے موم کی ناک کی طرح جب چاہے اپنے حق میں موڑ سکیں اور عدالتیں حکام کے سامنے دست بستہ رہیں۔ اِس سے مقصود یہ ہوتا ہے کہ رعایا کو بے بس کر کے اُن کی محنتوں کا ثمر اُن سے چھینا جائے اور عام محنت کش آدمی کے پاس صرف اُسی قدر چھوڑا جائے جس سے اُس کے سانس کی ڈوری چلتی رہے اور وہ مزید محنت کرنے کے قابل رہ سکے۔ ایسے ممالک حقیقت میں بیگار کیمپ ہوتے ہیں اور اِنہیں عرف عام میں ترقی پذیر یا تیسری دنیا کے ممالک کہا جاتا ہے۔ اِن کی سیدھی سادی پہچان یہ ہے کہ ان ممالک میں طبقاتی امتیاز بہت نمایاں ہوتا ہے اور عوام کو مفت اور فوری انصاف فراہم نہیں ہوتا۔

آج اِنسانیت کو غلام بنانے اور اُس کا اِستحصال کرنے کیلئے جو ہتھیار سب سے زیادہ اِستعمال ہوتا ہے اُس کا نام سود ہے۔ یہ سود غیر ملکی قرضوں پر روز افزوں ہو یا اِنٹر نیشنل بینکوں کی مقروض ملٹی نیشنل کمپنیاں اپنے منافع میں سے ان بینکوں کو ادا کرتی ہوں، بہر صورت اِس کا بوجھ عام شہری پر ہی پڑتا ہے۔

عالمی بینک وغیرہ کے قرضوں کے سود کی ادائیگی کیلئے لگائے جانے والے نت نئے

ٹیکس اور کرنسی کی قدر میں کمی یعنی ڈی ویلیویشن اور افراط زر Inflation تو کسی سے ڈھکی چھپی بات نہیں ہے البتہ ملٹی نیشنل کمپنیوں کے ذریعے اِستحصال کا طریقہ یہ ہوتا ہے کہ مقامی چھوٹی صنعتوں کو باقاعدہ ملکی پالیسی Law of the Land کے تحت کچلا جاتا ہے تاکہ ملٹی نیشنل کی مہنگی مصنوعات جن کی قیمت بینکوں سے لیے گئے قرض کے سود کے بوجھ کی وجہ سے بڑھائی گئی ہوتی ہے، اِن مہنگی مصنوعات کے مقابلے میں ارزاں اشیاء بازار میں دستیاب ہی نہ ہوں اور شہری اِنہی مہنگی مصنوعات کو خریدنے پر مجبور ہوں جس سے اِس سود کی شکل میں عوام کی محنتوں کا پھل اُن بینکاروں کو پہنچتا رہے۔

اِس سارے عمل کے عقب میں وہ سب سے بڑا مفاد پرست شیطانی گروہ جسے مذاہب میں فرعون قارون اور ہامان کا نام دیا گیا ہے، کون ہے اور اِس عمل کا جواز کیا بنایا جاتا ہے؟ اِس پر گفتگو سے پہلے ہم پر لازم ہے کہ پراپیگنڈے سے متاثرہ اپنے اذہان میں موجود اُس تصور کی بیخ کنی کریں جو سود کو جنم دیتا ہے۔

سود یا صحیح تر الفاظ میں "ربا" سرمایہ کاری کے اُس تصور کا نام ہے جس میں سرمایہ کار فرد یا ادارہ اپنے منافع کا تعین اپنی محنت کی بجائے سرمایہ کاری (Investment) کی بنیاد پر کرتا ہے۔ سود یا ربا کی واحد اور آسان ترین پہچان یہ ہے کہ اِس نظام کے نتیجے میں دولت مند افراد کی ملکیتی دولت میں محنت کیے بغیر اور وقت لگائے بغیر گھر بیٹھے ہی اضافہ ہوتا چلا جاتا ہے اور یوں دولت پورے معاشرے میں بھرپور انداز میں گردش کرنے کی بجائے چند متمول افراد کے ہاتھوں میں جمع ہوتی چلی جاتی ہے۔ اب یہ اضافہ خواہ بینک انٹرسٹ کی صورت میں ہو، سلیپنگ پارٹنر شپ Sleeping Partnership یا زمین و جائداد کے کرائے ٹھیکے یا مزارعت مضاربت مشارکت اور سٹاک ایکسچینج، غرض کی شکل میں، جب بھی کسی محنت کے بغیر محض سرمایہ کاری کی بنیاد پر کسی ایک یا چند مخصوص

افراد / نجی ادارے کیلیئے منافع حاصل کرنے کو جائز قرار دے دیا جائے گا یہ ربا ہے اور اس کو تحفظ دینے والا نظام کیپیٹل ازم کہلاتا ہے۔

اِس سے یہ حقیقت بھی نکھر کر سامنے آجاتی ہے کہ موجودہ نام نہاد اِسلامی بینکاری کے نظام میں منافع کی تقسیم اکاؤنٹ ہولڈرز میں چونکہ اُن کے جمع شدہ سرمائے کے حجم کے تناسب سے ہوتی ہے لہٰذا سود کے دائرے میں آئے گی اور محض اِسلامی بینکاری کہہ دینے سے غیر سودی نہیں ہو جاتی، عین اُسی طرح جیسے شراب کی بوتل پر انگور کا شربت لکھ دینے سے اِس کا نشہ ختم نہیں ہو جاتا۔

دَورِ حاضر کا سرمایہ کار سودی تصور کی طرف اِس لیے لپکتا ہے کہ وہ محنت کیے بغیر اپنی ضروریات زندگی پوری کرنا چاہتا ہے، حالانکہ وہ جانتا ہے کہ سودی تصور کا چلن جب عام ہوتا ہے تو معاشرے میں کس قدر زہریلے اثرات مرتب کرتا ہے، لیکن وہ اِس لیے خود کو مجبور قرار دیتا ہے کہ اُسے محنت سے بچنے کی گارنٹی صرف سودی چلن میں دکھائی دے رہی ہوتی ہے۔

یہی محنت سے بچنے کی تمنا نظامِ ربا اور قارونیت کو معاشرے میں منظم Systemize کرتی ہے اور پھر میڈیا کے ذریعے سود کو ایک ناگزیر مجبوری قرار دے کر اُس کے حق میں رائے عامہ کو ہموار کیا جاتا ہے۔ آہستہ آہستہ عوامی نفسیات سود کی مجبوراً تائید میں ایسی بن جاتی ہے کہ سود کی یہ چھوٹی سی پھنسی عدم مزاحمت کے باعث ساری میکرو اکنامکس پر پھیل جاتی ہے اور پھر پورے ملک کا ناسور بن جاتی ہے حتیٰ کہ عالمی مہاجنوں کو قومی سطح پر سود ادا کرنے کیلیئے عوام پر ٹیکس لگا کر ان کی محنت کا ثمر ان سے چھیننا بھی برحق سمجھا جانے لگتا ہے۔

اِس عمومی نفسیات کا باعث اور سود کو عوامی سطح پر ناگزیر تسلیم کرا لینے کے اِس

سارے فساد کو جنم اور جواز دینے والی بنیاد یہی "محنت سے بچنے کی خواہش" ہے۔ عوام کو جب نیچے کی سطح پر اِس سودی تصور کا قائل کر لیا جاتا ہے تو قومی سطح پر غیر ملکی قرضوں کے سود کیلئے ٹیکس ادا کرنے کے خلاف ان کی مزاحمت خود بخود دم توڑ دیتی ہے اور یوں حکمران طبقہ اور عالمی مالیاتی اداروں کے سود خور ڈائریکٹرز مفت کے وہ نوالے ہڑپ کرتے رہتے ہیں جو کرنسی کی قیمت کم کر کے افراطِ زر اور مہنگائی پیدا کرتے ہوئے اور غریب اور بے بس عوام پر ٹیکس لگا کر ان کے منہ سے چھینے گئے ہوتے ہیں۔ آیئے اِس بنیاد یعنی "محنت کے خوف" کا تجزیہ کریں جس کے جواز پر عوام کو اِس سودی تصور کے حق میں قائل کرنے کی اِبتدا ہوتی ہے۔

آج ہم اپنے معاشرے میں ایسی مثالیں عام دیکھتے ہیں کہ لوگ محنت کرتے کرتے ہلکان ہو جاتے ہیں لیکن ان کی ضرورتیں پوری نہیں ہوتیں جبکہ مستند تاریخ میں ہم لکھا ہوا دیکھتے ہیں کہ ایک زمانہ ایسا گزرا ہے جب لوگ کوئی خاص محنت بھی نہیں کرتے تھے اور ان کی ضرورتیں اس قدر آسانی سے پوری ہوتی تھیں کہ مخیر حضرات ہاتھ میں خیرات کی رقم لے کر نکلتے تھے اور لینے والا کوئی نہیں ہوتا تھا۔ اس کا مطلب یہ نہیں ہے کہ اس دور میں فرشتہ صفت لوگ پیدا ہوتے تھے اور آج خدا نے شیطان صفت پیدا کرنے شروع کر دیئے ہیں، بلکہ اس کا مطلب یہ ہے کہ اس دور میں آئین مملکت ایسا تھا جس کی موجودگی میں انسان کی ضرورتیں ہی بہت کم رہ جاتی تھیں۔ ظاہر ہے کہ اس ٹیکس فری آئین کی ایک شرط یہی ہو گی کہ ہر شہری کیلئے اتنا پھل ضرور ہے جتنی اس نے محنت کی، محض سرمایہ کاری کی بنیاد پر حاصل ہونے والے منافع پر کسی فرد واحد کا استحقاق نہیں ہے، بلکہ پورے معاشرے کا ہے۔

اب اس شرط کی موجودگی میں معاشرے سے طبقاتی امتیاز خود بخود کم ہونا شروع ہو

گیا ہو گا کیونکہ محنت کے ثمر میں فرق کم سے کم ہوتا چلا گیا ہو گا اور یوں ضرورتیں بھی کم رہ گئی ہوں گی۔ اسی اصول پر مبنی قانون آج مدون ہو کر آئین میں شامل کر لیا جائے تو آج کا معاشرہ بھی ویسا ہی ہو سکتا ہے جس میں بہت کم محنت کے معاوضے یا منافع سے ہی ضروریات پوری ہو جائیں۔ ہمہ گیر قانون کیلئے ایسے متعدد پہلو ہیں جو آج ہماری نگاہوں سے اوجھل ہیں۔ اس بات کی وضاحت آئندہ ابواب میں ہو جائے گی۔

اب جدید اقتصادیات کے تناظر میں ضروریات زندگی کے اسی تصور کو دیکھیں۔

کوئی سرمایہ کار جب کوئی نیا کاروبار شروع کرنا چاہتا ہے تو سب سے پہلے وہ متوقع نفع نقصان کا تخمینہ لگاتا ہے۔ اس تخمینے یا Feasibility Report کی بنیاد پیداواری اخراجات پر استوار ہوتی ہے۔ ان اِخراجاتِ پیداوار Cost of Production پر حکومتی پالیسی اور نت نئے ٹیکسوں وغیرہ کی تبدیلی کے باعث اضافے کی بے بسی کے علاوہ بہت سے کائناتی عوامل بھی مثلاً موسم، قدرتی آفات و حادثات، بیماری اور صحت یا زندگی اور موت، یہ سب عوامل اِنسان کے پروگرام کو زیر وزبر کرتے رہتے ہیں۔

اب ناگہانی قدرتی آفات اور حادثات وغیرہ پر تحفظ کیلئے تو سودی نظام نے انشورنس کے نام سے ایک بوجھل طریقہ وضع کر رکھا ہے لیکن اگر پیداواری اخراجات میں نقصان کسی ناگہانی کے بغیر ہی سرکاری پابندیوں یا ٹیکسوں کی شرح یا اجرت میں اِضافے کے باعث ہو جائے تو اُس نقصان سے حفاظت کی ضمانت نظام معیشت میں نہیں ہوتی اور نظام معیشت کی یہی نااہلی سود کو ناگزیر بنائے ہوئے ہے، لہٰذا فطری نظام وہی ہو سکتا ہے جس میں نہ تو پابندیوں اور ٹیکسوں کا وجود ہو اور نہ ہی اجرت کی کمی بیشی سے اِخراجاتِ پیداوار میں اضافہ ہونے کا اندیشہ موجود ہو چنانچہ نہ صرف انشورنس کا بوجھ اخراجات پیداوار سے ہٹ جائے بلکہ نقصان کا امکان نہ رہنے کے باعث منافع کے پیشگی تعین کی بھی کوئی

خاص اہمیت نہ رہ جائے۔

بادیٔ النظر میں یہ ایک ناممکن سی بات لگتی ہے کہ منافع کے پیشگی تعین کی بھی کوئی خاص اہمیت نہ ہو، مثال کے طور پر کوئی سرمایہ کار ایک کارخانہ قائم کرنے کا ارادہ رکھتا ہے تو اگر وہ اپنے منافع کی مقدار، اپنی Feasibility Report ہی تیار نہ کرے تو اُس کو کیا معلوم کہ اُس کے کاروبار کا کیا حشر ہونے والا ہے؟۔۔۔ مگر جیسا کہ عرض کیا گیا کہ یہ صرف بادیٔ النظر میں لگتا ہے۔ دراصل یہ رپورٹ بنیادی طور پر پیداواری اخراجات پر استوار ہوتی ہے اور اگر ہم اِس رپورٹ کو فطرت کے قریب تر لانا چاہتے ہیں یعنی منافع میں حسب منشا اِضافہ ممکن بنانا چاہتے ہیں تو ہمارے پاس صرف ایک راستہ ہے اور وہ یہ کہ کسی ترکیب سے پیداواری اخراجات میں کمی کو لامحدود حد تک ممکن بنا دیں۔ دوسرے الفاظ میں ایک ایسی ترکیب ہونی چاہیے جس سے کوئی پروڈیوسر فرد یا ادارہ اپنی مصنوعات کی پیداواری لاگت میں جب چاہے اور جتنی چاہے کمی کر سکے۔

اگر ہم ایک ایسی قانونی ترتیب اِختیار کر سکیں جس میں حکومت کے پاس ٹیکس یا پابندیاں لگانے کا اختیار نہ ہو اور سرمایہ کار کو وہ ترکیب معلوم ہو جس کے ذریعے وہ جب چاہے کسی بھی متعین شرح سے کہیں زیادہ افادہ حاصل کر سکتا ہو تو اُس کی نظر میں اپنے منافع کو پہلے سے متعین کرنے کی کوشش بے معنی ہو جائے گی اور وہ یقیناً حالات کی مناسبت سے اپنے اِخراجاتِ پیداوار میں ردوبدل کے ذریعے حسب منشا زیادہ سے زیادہ منافع حاصل کرنے کی پالیسی اپنائے گا۔ یہی قانون فطرت ہے اور یہی وہ حکمت عملی ہے جو بغیر کسی حیل وحجت کے، سود کو نظام معیشت میں ایک ناقابل اطلاق عامل قرار دے کر نکال باہر پھینکے گی۔۔۔ آیئے اِس اُلجھی ہوئی ڈور کا سرا ڈھونڈیں اور عاملین پیدائش Production Factors میں سے دیکھیں کہ کونسا عامل سب سے زیادہ غیر مستقل

ہے؟

اِس تناظر میں دیکھنے سے صرف ایک ہی عامل یعنی "اُجرت" کا عامل ایسا دکھائی دیتا ہے جس پر اٹھنے والے اخراجات کم کرنا اِنفرادی طور پر پروڈیوسر کے اِختیار میں ہوتا ہے ورنہ دیگر عوامل مثلاً خام مال یا ایندھن کے اخراجات تو خارجی اور اِجتماعی بنیادوں پر متعین ہوتے ہیں اور اِن میں قابل ذکر کمی اِنفرادی طور پر پروڈیوسر کے بس کی بات نہیں ہوتی۔

اُجرت ایک ایسا عامل ہے جسے اگر غیر محدود حد تک لچک دار کر لیا جائے تو ہم اپنا ٹارگٹ حاصل کر سکتے ہیں۔ اِسی بات کو ہم یوں کہہ سکتے ہیں کہ ہمیں ایک ایسا نظام روزگار ترتیب دینا ہے جس میں اُجرت کا پیشگی تعین نہ ہو سکے بلکہ حالات کے مطابق اُجرت پر اٹھنے والے اخراجات میں آجر Employer کے حسب منشاء اِس طرح کمی بیشی ہو سکے کہ اِس کمی سے نہ تو پیداوار کے معیار و مقدار کو کوئی نقصان پہنچے اور نہ ہی اجیروں Employees کی تعداد یا کارکردگی میں کوئی فرق آئے۔

اِس کا ایک طریقہ تو ہمیں یہ بتایا جاتا ہے کہ سرمایہ کار اور کارندے مل کر محنت کریں اور مختص کردہ وقت اور ذمہ داریوں کی نوعیت کی بنیاد پر کسی بھی طے شدہ تناسب کے ساتھ نفع نقصان میں حصہ دار ہوں۔۔۔ لیکن یہ طریقہ ہمہ گیر نہیں ہے اور اکثر جگہوں پر اِس کا اطلاق نہیں ہو سکتا، مثال کے طور پر اگر کوئی سرمایہ کار اپنے ٹریڈ سیکرٹ کے طور پر پروڈکشن کی تکنیک یا کاروباری کلائنٹ کا پتہ نشان صیغہ راز میں رکھنا چاہے تو ایسا ممکن نہیں ہے کیونکہ اِس نظام میں ہر اُس شخص کو پڑتال کا حق ہوتا ہے جس کا منافع میں حصہ ہے۔ دوسری قباحت اِس میں یہ ہے کہ اِس معاہدے میں اختلاف رائے کے امکانات بڑھ جاتے ہیں۔ کارندوں کی حیثیت چونکہ ورکنگ پارٹنرز کی ہوتی ہے لہٰذا وہ قدم قدم پر سرمایہ کار کو ٹوکتے ہیں اور اُس کے کاروبار کو اپنی پالیسی کے مطابق چلانا چاہتے

ہیں۔ اِس کا جواز اُن کے پاس یہی ہوتا ہے کہ سرمایہ کار کی کمزور پالیسی سے اُن کا منافع متاثر ہوگا اور ان کی محنت ضائع چلی جائے گی۔۔۔ اِس اختلاف کے نتیجے میں اول تو ایسا معاہدہ ہو ہی نہیں پاتا اور اگر ہو بھی جائے تو اُسے ٹوٹنے میں دیر نہیں لگتی۔ یہی وجہ ہے کہ اِس تصور کو کہیں کہیں صرف زرعی یا ایسے تجارتی نظم کاروبار میں تو اِستعمال کیا جاتا ہے جہاں سرمایہ کار کو کوئی پالیسی وضع نہیں کرنا ہوتی مثلاً دواؤں کی ڈسٹری بیوشن وغیرہ، لیکن بحیثیت مجموعی صنعتی پیداواری یا تجارتی میدان میں اِس تصور کی شاید ہی کوئی مثال ممکن ہو۔

اِس کا مطلب ہے کہ ہمیں مروجہ تصورِ اُجرت کے علاوہ اُجرت کی ہی ایک لچکدار ترتیب بھی فراہم کرنا ہوگی، گویا ہمیں ایک ایسا نظام دستیاب کرنا ہوگا جس میں اُجرت کی مالیت کے پیشگی تعین کا تصور نہ ہو بلکہ آجر کو آزادی ہو کہ وہ جب چاہے اِس مالیت میں کمی یا زیادتی کر سکتا ہو، لیکن اِس تبدیلی کے باوجود پروڈکٹ کے معیار اور پیداواری تناسب و مقدار میں فرق نہ آئے یعنی اجیروں کی تعداد یا کارکردگی متاثر نہ ہو۔

اِس مقصد کیلئے ہمیں اُجرت کے نفسیاتی پہلو کا جائزہ لینا ہوگا۔

کوئی بھی اِنسان خواہ اُجرت کی شکل میں یا اپنے کاروباری نفع کے ذریعے، غرض جب روزی کماتا ہے تو اُس کا مقصد اپنی ضروریاتِ زندگی کی تکمیل کرنا ہوتا ہے۔ اِس کا مطلب ہے کہ اگر ہمیں اُجرت میں کمی کے تصور کو فول پروف رکھنا ہے تو ہمیں اِس شرط کو ملحوظ رکھنا ہوگا کہ اِس کمی کے باوجود اجیر کو ضروریاتِ زندگی کی فراہمی میں رکاوٹ نہ آسکے۔

اِس کیلئے ہمیں اِنسانی ضروریات کا حتمی تعین کرنا ہوگا اور دیکھنا ہوگا کہ وہ کون کون سی شے ہے جس کے نہ ملنے پر اِنسان جرم پر آمادہ ہو سکتا ہے۔ ہمیں اپنی جستجو کی ابتدا ہر قسم کے جرائم کے تجزیے سے کرنا ہوگی۔ یہیں سے اِنسانی بنیادی ضروریات کی اصل

پہچان، نوعیت اور شدت ہماری سمجھ میں آئے گی اور پھر حل تک پہنچنا بالکل سامنے کی بات ہو جائے گی۔

ظاہری طور پر یہ ایک بہت پیچیدہ مسئلہ دکھائی دیتا ہے مگر یقین کیجیے کہ یہ محض چند منٹ کا احاطہ ہے اور آپ حیران ہوں گے کہ اِس قدر آسان اور پیش پا افتادہ معاملہ اِنسان کی سمجھ میں پہلے کیوں نہ آیا۔ ٭٭٭

٭٭٭

وجوہاتِ جرم۔ انسانی عقل کی نارسائی اور یوٹوپیائی ٹامک ٹوئیاں

ہر جرم کی محرک فرسٹریشن Frustration ہے۔ ہمیں اِس لفظ کا حقیقی اُردو مترادف نہیں ملا کیونکہ مایوسی، محرومی، بے چینی، ناکامی، تفکر اور تشویش جیسے الفاظ مفہوم کو مکمل طور پر واضح نہیں کرتے لہٰذا یہاں اور آگے چل کے ہم یہی لفظ اِستعمال کرنے پر مجبور ہیں۔

فرسٹریشن کے بغیر کوئی جرم نہیں ہو سکتا۔ جس سانحہ، جس واقعہ کے پس منظر میں کوئی فرسٹریشن نہ ہو، اُسے جرم نہیں کہتے، حادثہ کہتے ہیں۔ جرم کی پہچان ہی یہ ہے کہ اُس کی محرک اِنسان کی کوئی نہ کوئی فرسٹریشن ہوتی ہے۔ قانون کی زبان میں اِسے وجۂ جرم کہتے ہیں۔

جرم کا اِرتکاب اِجتماعی طور پر ہوا ہو یعنی جنگ و قتال، تو مورخین وجۂ جرم کی تفصیل اخذ کر کے تاریخ کے صفحات میں مجرم افواج پر فرد جرم عائد کرتے ہیں اور اگر جرم اِنفرادی سطح پر ہوا ہو تو عدالت اِسی فرسٹریشن کو جرم کا محرک تسلیم کرتی ہے۔۔۔ اور ہم جانتے ہیں کہ وجۂ جرم کی موجودگی کے بغیر کوئی قانون کسی کو مجرم نہیں ٹھہرا سکتا۔

فرسٹریشن اُسی وقت وقوع پذیر ہوتی ہے جب اِنسان کیلئے اُس کی کسی فطری ضرورت کی تکمیل ممکن نہ رہے۔۔۔ یہاں یہ جاننا لازم ہے کہ ضرورت کس چیز کا نام ہے

اور "بنیادی ضرورت" اور "محض خواہش" میں فرق کرنے کا پیمانہ کیا ہے؟

اِس پیمانے کا نام "طلب" ہے۔ ہم بخوبی سمجھتے ہیں کہ اِنسان میں کسی شے کی طلب جن عوامل کی وجہ سے پیدا ہوتی ہے وہ یہی دو ہیں، ضرورت یا خواہش۔۔۔ لیکن اِن دونوں عوامل کے نتیجے میں پیدا ہونے والی طلب کی نوعیت مختلف ہوتی ہے۔ جب اِنسان کو کوئی بنیادی ضرورت پوری کرنا ہوتی ہے تو جب تک یہ ضرورت پوری نہ ہو، طلب بڑھتی جاتی ہے، حتیٰ کہ فرسٹریشن میں بدل جاتی ہے اور انجام کار اِنسان کو جرم پر آمادہ کر دیتی ہے جبکہ محض خواہش کے زیرِ اثر پیدا ہونے والی طلب کا معاملہ مختلف ہے۔ یہ طلب خواہ کتنی بھی زیادہ کیوں نہ ہو، ویسی ہی یکساں Constant رہتی ہے اور وقت گزرنے کے ساتھ ساتھ اِس میں ایسا اضافہ نہیں ہوتا جو اِنسان کو اِرتکابِ جرم تک پہنچا سکے۔ اِس کی آسان مثال پانی اور کوکا کولا کے فرق میں دیکھی جا سکتی ہے۔ پانی اِنسان کی ضرورت ہے اور اگر نہ ملے تو طلب بڑھتی جائے گی چنانچہ ایسا وقت بھی آ سکتا ہے کہ جب اِنسان اِس طلب کے ہاتھوں مجبور ہو کر قتل جیسے جرم کا بھی ارتکاب کر بیٹھے جبکہ کولا یعنی وہ ذائقہ اور خوشبوئیں (فلیورز اور سوڈے کی گیس) نارمل اِنسان کی محض خواہش کا درجہ رکھتی ہیں۔ اِنسان میں ان کی طلب تو موجود ہوتی ہے لیکن اگر یہ اُسے برسوں تک بھی دستیاب نہ ہوں تو بھی یہ طلب نہ تو فرسٹریشن کا باعث بن سکتی ہے اور نہ ہی کسی سنگین جرم پر اُسے آمادہ کر سکتی ہے۔

اِس پیمانے کو ملحوظ نظر رکھیں تو دکھائی دے گا کہ اِنسان فطری طور پر جو ضرورتیں لے کر پیدا ہوا ہے اور جنہیں پورا کرنے کیلئے اُسے مروجہ قانونی نظام کے تحت جدوجہد کرنا پڑتی ہے اور جو اُس کیلئے مسئلہ بن سکتی ہیں، ان کی تعداد صرف تین ہے۔

ا۔ جسم کیلئے تحفظ Physical Protection اِس میں وہ چیزیں شامل ہیں جو اِنسان

کو اپنے جسم کے تحفظ کیلئے درکار ہوتی ہیں مثلاً خوراک، لباس رہائش اور علاج۔

۲۔ جنسی تعلق Contact Sexual یہ ایسی ضرورت ہے جو عورت کیلئے تو بنیادی ضرورت کا درجہ نہیں رکھتی بلکہ ایک غیر معمولی خواہش کی حیثیت رکھتی ہے تاہم مرد کیلئے یہ ایک ایسی ضرورت ہے جو عدم تکمیل کی صورت میں فرسٹریشن اور جرم کا محرک بنتی ہے۔(اس پر تفصیلی گفتگو چند صفحات کے بعد زیر نظر آئے گی۔)

۳۔ افضلیت یا برتری)Need of superiority) یہ ایسی ضرورت ہے جو اِنسان اور دیگر مخلوقات کے درمیان فرق اور اِمتیاز کا درجہ رکھتی ہے۔ یہی وہ ضرورت ہے جو پہلی دونوں ضروریات پر اثر انداز ہوتی ہے۔ مثال کے طور پر یوں سمجھیں کہ اِنسان کی جسمانی ضرورت تو محض لباس ہے لیکن اِس کے ضمن میں ایک قیمتی لباس کا انتخاب وہ برتری کی ضرورت پوری کرنے کیلئے کرتا ہے۔ یہی وہ ضرورت ہے جو اِنسان کو تعلیم حاصل کرنے پر اکساتی ہے، اُسے لباس، غذا، رہائش اور دیگر جسمانی ضروریات پر "زیادہ" رقم خرچ کرنے کیلئے آمادہ کرتی ہے اور یہی وہ ضرورت ہے جسے ہمارے قانون ساز جینیئس نے لازمی بنیادی ضرورت کا درجہ نہ دیا بلکہ محض ایک خواہش سمجھتا رہا چنانچہ اِس کے بنائے ہوئے ہر قانونی نظام نے اِنسان کو اِس ضرورت کی تکمیل کیلئے دولت مندی کی نمائش کے سوا کوئی دوسرا راستہ نہ دیا اور پھر اِنسان کیلئے زیادہ سے زیادہ دولت حاصل کرنے کے سوا کوئی چارہ نہ رہا۔

اِنسانی نفسیات کے علم و تحقیق کی تاریخ میں ہمیں جو دو قابل ذکر مکاتب فکر دکھائی دیتے ہیں ان میں سے ایک تو "فرائڈ" ہے جو جنسی طلب کو ہر فساد کی جڑ قرار دیتا ہے اور دوسرا اُس کے شاگرد "ایڈلر" کا مکتب فکر ہے۔ اُس کی دانست میں معاشرتی اِبتلا کا بنیادی عامل ہر اِنسان کی دوسرے اِنسانوں پر حاوی ہونے کی خواہش ہے۔ اِسے وہ Urge to

Dominate کا نام دیتا ہے۔

یہ دونوں نظریات غلط نہ سہی، لاحاصل بہر حال ہیں، اِس لیے کہ نامکمل ہیں۔ دونوں ماہرین کے سامنے جب تصویر فطرت نے اپنے ایک ایک گوشے سے نقاب ہٹایا تو وہ اپنی اپنی جگہ عالم سرخوشی میں اپنے اپنے اِنکشاف کو پوری تصویر فطرت سمجھ بیٹھے اور انہیں شاید کچھ ویسا ہی محسوس ہونے لگا جیسا ارشمیدس کو "یوریکا، یوریکا" چلاتے وقت محسوس ہو رہا تھا۔ اُنہوں نے مزید تحقیق اور عمیق نگہی کی کتاب بند کر دی اور باقی عمر اپنے اپنے اِنکشافات کو مکمل امر واقعہ ثابت کرنے میں صرف کر دی۔ اگر وہ مزید گہرائی میں اترتے تو یہ حقیقت بھی اُن پر آشکار ہو جاتی کہ یہ دونوں نظریات ہم پلہ ہیں اور اِنسانی معاشرے پر یکساں شدت کے ساتھ اثر انداز ہوتے ہیں، اِس لیے کہ بنیادی اِنسانی ضروریات کی ذیل میں آتے ہیں۔ سگمنڈ فرائڈ اِس نتیجے پر بھی پہنچ جاتا کہ نفسیاتی اعتبار سے بھی جنسی ضرورت کی حیثیت مرد اور عورت میں ایک جیسی نہیں ہے اور ایڈلر کی سمجھ میں یہ بھی آ جاتا کہ وہ جسے Dominate to Urge کا نام دے رہا ہے وہ محض Urge ہی نہیں ہے بلکہ اِنسان کی ایک ایسی بنیادی فطری ضرورت ہے جسے ہر حال میں پوری کرنا اُس کی ویسی ہی مجبوری ہے جیسی بھوک پیاس مٹانا۔ اس ضرورت کے پورا نہ ہونے پر بھی وہ جرم پر آمادہ ہو سکتا ہے، غیرت کے نام پر قتل تک کر سکتا ہے۔

یہ ضرورت اِنسان کی وہ خصوصیت ہے جو اُسے دیگر مخلوقات سے ممتاز کرتی ہے۔ دوسرے جانوروں میں ہم دو طرح کے رویے دیکھتے ہیں، ایک یہ کہ اپنے ہم جنسوں میں برابری کی سطح پر مل جل کر رہنا جیسے پرندے چوپائے اور حشرات وغیرہ۔۔۔ اور دوسرا یہ کہ اپنے گرد و نواح میں کسی ہم جنس کی موجودگی گوارا نہ کرنا جیسے خونخوار درندے۔ اِنسان واحد جاندار ہے جسے دوسرے اِنسانوں کے درمیان رہتے ہوئے ہر سطح پر اپنی

افضلیت اور برتری دوسروں سے تسلیم کروانا ہوتی ہے اور اِسی ضرورت کے نتیجے میں دنیا بھر کی ترقیاں، تمام علوم اور فنکاریاں وجود میں آئی ہیں۔

جب ہم یہ کہتے ہیں کہ اِنسان ترقی کا خواہشمند ہے تو یہ بات مہمل، مبہم یا نامکمل سی محسوس ہوتی ہے۔ حقیقت یہ ہے کہ اِنسان دراصل برتری کا طلبگار ہے اور اُسے حاصل کرنے کی کوشش کے ردعمل میں ترقی وجود میں آتی ہے، یعنی اِس کوشش کے نتیجے میں وہ ایسے کام کر جاتا ہے جنہیں ہم ترقی کا نام دیتے ہیں۔

اِس ضمن میں سب سے اہم نکتہ یہ ہے کہ یہ ایسی ضرورت ہے جسے اِنسان کو اپنی زندگی کے تینوں پہلوؤں Dimensions میں پوری کرنا ہوتا ہے۔ زندگی کے تین پہلو یہ ہیں۔ ا۔ بحیثیت ایک اِنسان کے۔ ۲۔ بحیثیت اِجتماعی (یعنی کسی قوم اور علاقہ سے نسبت رکھتے ہوئے) ۳۔ بحیثیت اِنفرادی (یعنی اپنے معاشرے کے اندر رہتے ہوئے، اپنی ذات کے حوالے سے) اب ہم اِن تینوں پہلوؤں کا باری باری جائزہ لیں گے۔

ا۔۔ ایک اِنسان ہونے کی حیثیت سے

یہ زندگی کا وہ پہلو ہے جس کے مطابق وہ ایک اِنسان ہونے کے ناتے سے اپنی برتری دیگر مخلوقات پر ثابت کرنے کی کوشش کرتا ہے۔ وہ اِس مقصد کیلئے شکار، جانوروں کی سرکس اور ایسے دیگر طریقے تخلیق کرتا ہے۔ اِسی ضرورت کے لاشعوری اظہار کیلئے وہ کوہ پیمائی کرتا ہے، ٹارزن اور سپر مین جیسے کردار تراشتا ہے اور تصوراتی خلائی مخلوق کے موضوع پر مبنی ناول لکھتا، سٹار وارز جیسی فلمیں بناتا ہے۔ اِس ساری تگ و دَو کا باعث یہی ہے کہ وہ اِنسان ہونے کی حیثیت سے خود کو دیگر تمام مخلوق Rest of the Universe سے افضل اور برتر دیکھنا چاہتا ہے۔ اِسی وجہ سے ایسی فلمیں کہانیاں مقبول بھی ہوتی ہیں۔

غور کیا جائے تو یہاں اِنسانی ترقی کا معروضی تصور یعنی چارلس ڈارون کا نظریۂ اِرتقاء بھی غلط ثابت ہو جاتا ہے کیونکہ برتری کی ضرورت کو اِنسانی ترقی کی بنیاد قرار دینے کے بعد ہم تاریک ماضی میں اِنسان کے صرف حلیہ یا ہیئت کا قدرے مختلف ہونا تو تسلیم کر سکتے ہیں لیکن اُس کی اِنسانیت یعنی اِنسان کی بنیادی الگ جبلت اور ذہنی بناوٹ سے انکار نہیں کر سکتے اور اِس اعتبار سے اُسے کسی دوسری مخلوق مثلاً بندر یا چمپینزی کی کوئی قسم قطعاً تسلیم نہیں کر سکتے جیسا کہ ڈارون کی تھیوری میں کہا گیا ہے۔۔۔ مگر چونکہ یہ نظریۂ اِرتقاء ہمارے موضوع کا حصہ نہیں ہے لہٰذا ہم اِس سے قطع نظر کرتے ہیں، صرف اتنا سمجھنا کافی ہے کہ اِنسان کیلئے افضلیت اور برتری حاصل کرنا ایک لازمی ضرورت کا درجہ رکھتا ہے اور اِس برتری کو ہر غیر اِنسانی مخلوق پر ثابت کرنا اِس ضرورت کی پہلی سطح ہے۔

۲۔۔اِجتماعی برتری

یہ اِس ضرورت کے ضمن میں اِنسانی زندگی کا دوسرا پہلو ہے۔

تاریخ میں ہم دیکھتے ہیں کہ ماضی میں اِنسان مذہب کی بنیاد پر معاشرے تشکیل دیتا اور پھر انہیں برتر ثابت کرنے کیلئے جنگیں لڑتا رہا ہے۔ اٹھارویں اور انیسویں صدی عیسوی کے دوران نظریۂ وطنیت کو معاشرے کی اساس بنانے کیلئے یہ معاشرے توڑے جاتے رہے۔ اِس عمل کو ہم اِنقلاباتِ عالم کا نام دیتے ہیں۔

اِن اِنقلابات کے ذریعے در حقیقت مذہب کو تشخص کے درجے سے ہٹانا مقصود تھا اور اِس کیلئے لازم تھا کہ اِنسان کو اُس کے اِجتماعی تشخص کیلئے کوئی دوسرا نظریاتی متبادل فراہم کیا جاتا۔ یہ متبادل جغرافیائی بنیادوں پر استوار قومیت یعنی وطنیت کی صورت میں فراہم کیا گیا۔

جغرافیائی قومیت کا تصور فروغ دیئے جانے کی وجہ تاریخ کے مطالعہ سے قدرے

واضح ہوتی ہے۔ ہم دیکھتے ہیں کہ عوام کی تائید اور حمایت حاصل کرنا ہر حکومت کی بنیادی ضرورت تھا تاکہ اِس سے فائدہ اٹھا کر وہ حکومت رعایا سے زیادہ سے زیادہ ریونیو Revenue وصول کر سکتی۔۔۔ اور اُسے یہ حمایت تبھی مل سکتی تھی جب وہ خود ہی اپنے عوام کی اِجتماعی برتری کی علامت ہوتی۔ معاشرے کے مذہب کے نام پر اُستوار ہونے سے عوامی حمایت اور اِجتماعی برتری کا مرکز و محور بادشاہوں کی بجائے مذہبی پیشوائیت ٹھہرتی تھی چنانچہ اُن بادشاہوں کو اُس مذہبی پیشوائیت کی تائید حاصل رکھنے کیلئے ریونیو میں سے ایک بڑا حصہ چرچ کو دینا پڑتا تھا۔ یہ اُن بادشاہی حکومتوں کا کمزور پہلو تھا جسے اِنقلاب کے علمبرداروں نے بھانپ لیا اور پھر اِنقلابی عمل کے ذریعے برتری کی علامت یعنی اِجتماعی تشخص مذہب کی بجائے علاقے یعنی ملک کو قرار دے دیا تاکہ حکومت کو رعایا سے اپنے مفاد پرستانہ احکام منوانے کیلئے مذہبی پیشوائیت کی احتیاج ختم ہو جائے اور آئین سازی پر اُس حکومت کی مطلق العنانی قائم ہو جائے اور یوں عوامی اِطاعت یعنی حسب منشاء ریونیو وصولنے کے ضمن میں مذہبی پیشوائیت اُس حکومت کو بلیک میل نہ کر سکے۔ اِنقلابِ فرانس اِسی مقصد کیلئے برپا کیا گیا اور پھر پراپیگنڈے سے متاثر ہو کر اِنسان کو یقین آنے لگا کہ وہ جس ملک یا علاقہ سے تعلق رکھتا ہے وہی اُس کا قومی تشخص ہے، اُس کی اِجتماعی برتری کی علامت ہے اور اگر یہ علامت نہ رہی تو اُس کی پہچان یعنی افضلیت کی حیثیت صفر ہو جائے گی۔

یہی سوچ پیدا کرنا آج بھی ہر مفاد پرست حکومت کیلئے کامیابی کا پہلا سبق ہے چنانچہ وہ اِس سوچ کو حب الوطنی کا نام دیتی ہے اور اِس کی مزید تقویت کیلئے تمغوں، اِنعامات اور اعزازات کا سلسلہ وضع کرتی ہے تاکہ اِنسانوں کیلئے اِنفرادی برتری کا لالچ بھی پیدا ہو جائے۔ اگر کسی موقع پر اِنسان کو یہ یقین ہو کہ ملک ختم ہونے کے باوجود اُس کی اِجتماعی

برتری کی پہچان اور حیثیت متاثر نہیں ہو گی تو وہاں اُس کی حب الوطنی ملک ختم ہونے کے راستے میں بھی مزاحم نہیں ہوتی۔ اِس کی ایک بہت عمدہ مثال مشرقی اور مغربی جرمنی کا اِنضمام ہے۔

حقیقت یہ ہے کہ اِنسان کی ضرورت ملکی یا مذہبی پہچان یا قوم سے محبت کرنا نہیں ہے بلکہ باقی معاشروں پر اپنے معاشرتی گروہ کو برتر تسلیم کرانا ہے اور اِس ضرورت کو پورا کرنے کیلیئے اُسے ایک لیبل درکار ہوتا ہے جو اِجتماعی تشخص کہلاتا ہے۔ یہ تشخص پہلے مذہب کے نام پر وضع ہوتا تھا، اب وطن اور شہریت کے نام پر تشکیل دیا جانے لگا ہے۔

جب سے جغرافیائی بنیادوں پر قومیت یا دوسرے الفاظ میں وطنیت کے تصور کو فروغ دیا گیا ہے، اِنسان اپنی اِجتماعی برتری کی کوشش جو پہلے مذہب کے نام پر کرتا تھا، اب قوم اور ملک کے نام پر کرنے لگا ہے۔ جدید خلائی دَور کی تمام ایجادات اور ترقی اِسی کوشش کا شاخسانہ ہے، بیسویں صدی کی تمام جنگیں اِسی بنیاد پر ہوئیں، نسلی اِمتیاز کو بھی اِسی بہانے ہوا دی جاتی ہے، آج کی عالمی سیاست میں یہی اِنسانی ضرورت دُکھتی رگ کی حیثیت رکھتی ہے جسے کائیاں سیاستدان زیادہ سے زیادہ چھیڑ کر الیکشن میں ووٹ حاصل کرتے ہیں۔

ملکوں کے درمیان ہونے والے کھیلوں کے مقابلے اِسی ضرورت کی تکمیل کا راستہ ہیں۔ اِن مقابلوں میں اِس ضرورت کی تکمیل کا پہلو دونوں سطحوں پر ہوتا ہے، دیکھنے والوں کیلیئے یہ مقابلے اِجتماعی برتری یعنی قومی برتری حاصل کرنے کا راستہ ہیں جبکہ کھلاڑی کیلیئے یہ بیک وقت اِنفرادی اور اِجتماعی، دونوں پہلوؤں کی تسکین کا باعث ہوتے ہیں۔

اِجتماعی برتری کا حصول اِنسان کی وہ ضرورت ہے جس کے مثبت طریقے سے پورا نہ ہونے پر وہ اِجتماعی جرائم یعنی جنگیں لڑنے سے بھی دریغ نہیں کرتا اور یہی وہ ضرورت ہے

جس کی تشنگی پیدا کر کے تیسری دنیا کے ممالک میں حکومتیں اپنے عوام کو گویا بلیک میل کرتی ہیں اور اِسے دفاعی ضرورت کا نام دے کر اِس کی بنیاد پر ٹیکس عائد کرتی ہیں۔

اب رہا یہ سوال کہ اِنسان کو اپنی اِجتماعی افضلیت کیلئے کوشش کرنے کا وہ فطری راستہ کونسا دستیاب کیا جاسکتا ہے جس سے جنگ و جدل یا رعایا کے اِستحصال کی کوئی ممکنات پیدا نہیں ہوتیں؟ تو اِس کی تفصیلی وضاحت کے لیے اِس سارے عمل کے منظر نامے کا مشاہدہ ہم آئندہ صفحات میں کریں گے لیکن اِس سے پہلے اِس ضرورت کے تیسرے پہلو یعنی "اِنفرادی سطح پر برتری" کا اِجمالی جائزہ لازم ہے۔

۳۔۔اِنفرادی برتری

اِسی ضرورت کی تیسری سطح اِنفرادی برتری ہے۔ یہ وہ سطح ہے جہاں اِنسان اپنے معاشرے کے اندر رہتے ہوئے، اپنی برادری اپنے پڑوسیوں اور اِرد گرد کے اِنسانوں پر اپنی ذات کی برتری ثابت کرنا چاہتا ہے اور اِس کا طریقہ اُسے یہی سمجھ میں آتا ہے کہ وہ دوسروں سے زیادہ ممتاز اور نمایاں تسلیم کر لیا جائے۔ گویا ہم یہ کہہ سکتے ہیں کہ اپنے معاشرے کے اندر رہتے ہوئے ایک اِمتیازی حیثیت حاصل کرنا ہر اِنسان کی فطری ضرورت ہے۔

غیرت، انا، عزتِ نفس، تکبر، گالی، تحقیر و تذلیل اِسی ضرورت کے مختلف ردِ عمل ہیں۔ عہدہ و اِختیارات، گلیمر Glamour، عالیشان رہائش گاہ اور سواری، زرق برق ملبوسات، کاسمیٹکس اور دیگر سامان تعیش، نمود و نمائش اور جاہ و حشم اِسی ضرورت کی سیر ابی کے مختلف اظہار ہیں۔ دولت، تعلیم اور فنی مہارت کی جدوجہد یعنی اِنفرادی ترقی اِسی آسودگی کو حاصل کرنے کی کوشش کا نام ہے۔

نفسیات کے ماہرین اور ہمارے معاشرتی نظاموں کو مرتب کرنے والوں کی فاش

غلطی یہی ہے کہ ہرچند وہ اِنسان کی اِس طلب کے منکر تو نہیں ہیں لیکن اِسے بنیادی، فطری اور ناگزیر ضرورت کی حیثیت دینے کا انہیں کبھی خیال ہی نہیں آیا اور ان کی یہی بھول مکمل ترین نظامِ زندگی تک نہ پہنچ سکنے کی اصل وجہ بنی رہی اور اِس کا نتیجہ یہ نکلا کہ آج تک اِنسانی ضرورتوں کا حتمی تعین ہمارے ماہرین نفسیات نہ کر سکے اور وہ جسمانی تحفظ کی ضرورت کو برتری کی ضرورت کے ساتھ مخلوط کرتے رہے حالانکہ اگر دیکھا جائے تو جسمانی تحفظ کی ضرورت یعنی معمولی رہائش، سستا لباس، مٹی کے برتن وغیرہ اِنسان کا مسئلہ نہیں بلکہ اِسے مسئلہ بنانے والا عامل یہی برتری حاصل کرنے کی طلب ہے جو اِنسان کو جسمانی تحفظ کی ضرورت پر زیادہ سے زیادہ رقم خرچ کرنے پر اکساتی ہے اور اِسے مسئلہ بنا دیتی ہے۔

برتری یا افضلیت حاصل کرنے کی یہ اِنسانی ضرورت وہ بنیاد ہے جس پر اِس تحریر میں دیئے گئے مکمل ترین قانونی نظام کو ایستادہ کیا گیا ہے۔ ٭٭٭

٭٭٭

معاشروں میں برتری اور عظمت کے معیار

اِنسان جب اِمتیازی حیثیت حاصل کرنے کیلئے جدوجہد شروع کرتا ہے تو یہ یقینی امر ہے کہ وہ اِس جدوجہد کا رُخ اُنہی معیاروں کی طرف کرے گا جو معاشرے میں برتری کے ثبوت کے طور پر تسلیم شدہ ہیں۔ اگر معاشرتی ماحول ایسا ہو جس میں برتری کے ثبوت کے طور پر وہی معیار مسلمہ ہوں جو ہر وقت ہر اِنسان کے بس میں ہوتے ہیں اور جو کسی سے چھینے یا خریدے نہیں جاسکتے یعنی اِخلاقی اقدار، حسن سلوک، شائستگی، ہمدردی، سچائی، دیانتداری، سادگی، مستحسن عادات و اطوار اور سلیقہ وغیرہ۔۔۔ تو یقیناً ہر شخص کیلئے ہر وقت اِنہیں زیادہ سے زیادہ، بلکہ یوں کہنا چاہیے کہ لامحدود مقدار میں حاصل کرنے کا راستہ موجود رہتا ہے اور چونکہ یہ چیزیں کسی سے چھینی یا خریدی نہیں جاسکتیں لہٰذا جرائم بھی وقوع پذیر نہیں ہوتے۔۔۔ لیکن اگر معاشرے میں برتری کی علامت کے طور پر ایسے عوامل کو معیار کا درجہ دے دیا گیا ہو جو ہر وقت ہر کسی کے بس میں نہیں ہوتے مثلاً دولت مندی اور امارت کا اظہار۔۔۔ تو یقیناً ان کی بنیاد پر معاشرے میں ممتاز اور نمایاں ہونے کا راستہ ہر وقت ہر کسی کیلئے کھلا ہونا ممکن نہیں ہے چنانچہ اِس ماحول میں فرسٹریشن اور پھر جرائم کا فروغ پانا ایک قدرتی امر ہے۔

اِنسان برتر ہونے کی کوشش میں زیادہ سے زیادہ دولت حاصل کرنے کیلئے جنونی ہو جاتا ہے اور اِس کیلئے ہر جائز وناجائز حربہ اِختیار کرنے پر آمادہ ہو جاتا ہے۔ اِسی کے نتیجے میں چوری، ڈاکہ، رشوت، اقرباپروری، ڈرگ مافیا وجود میں آتے ہیں۔ کسی جائز طریقے

سے نمایاں نہ ہو سکنے والے پر احساس کمتری کی فرسٹریشن طاری ہوتی ہے۔ سٹیٹس کامپلکس، نئ اور پرانی نسل کا جھگڑا، نمود و نمائش اور جہیز جیسی سماجی برائیاں اِسی کا نتیجہ ہیں۔ اِسی کے رد عمل میں سنگین جرائم وقوع پذیر ہوتے ہیں۔ ایسی مثالیں موجود ہیں کہ جب کسی نے محض شہرت حاصل کرنے کیلئے کئی افراد کو قتل کر ڈالا، کہیں تباہی پھیلا دی، ڈاکہ یا اغوا کا مرتکب ہو گیا، وغیرہ۔ اِس کی وجہ یہی ہے کہ اُسے اپنی یہ ضرورت پوری کرنے کا مثبت راستہ نہیں ملا چنانچہ وہ لاشعوری طور پر یہ تسلیم کر چکا تھا کہ وہ افضلیت اور برتری کی جس بلندی تک پہنچنا چاہتا ہے وہ اُسے مثبت طریقوں سے حاصل نہیں ہو سکتی۔

جو فرسٹریٹڈ Frustrated شخص جرم نہیں بھی کرتا وہ زندگی کی کٹھنائیوں سے فرار حاصل کرنے والا Escapist بن جاتا ہے اور خود کو شراب، منشیات وغیرہ میں غرق کر کے اِس سے نجات حاصل کرنے کی کوشش کرتا ہے۔ تب وہ معاشرے کا سود مند شہری بننے کے قابل نہیں رہتا۔ وہ نفسیاتی مریض بن سکتا ہے، ذہنی دباؤ یا شراب و منشیات سے پیدا ہونے والی بیماریوں، بلڈ پریشر، فالج، السر، ذیابیطس، نروس بریک ڈاؤن، حتیٰ کہ کینسر کا شکار ہو سکتا ہے۔ دولت چھن جانے کا صدمہ اچانک پہنچے تو ہارٹ فیل بھی ہو سکتا ہے۔ اِن سب عوامل کی وجہ یہی ہے کہ اِنسان اپنی ملکیتی دولت کو افضلیت کا پیمانہ سمجھتا ہے اور اِس میں کمی کے احساس پر یہ سمجھتا ہے کہ اُس کیلئے معاشرے میں برتری کا ٹارگٹ حاصل کرنا دشوار تر ہو گیا ہے۔ چونکہ اِس ضرورت کو پورا کرنا اِنسان کی مجبوری ہے لٰہذا وہ اِس کیلئے جدوجہد کرتا ہے اور یہ بھی فطری امر ہے کہ اِس کیلئے وہ وہی راستہ اِختیار کرتا ہے جو معاشرتی نظام اور ماحول میں دستیاب ہے، اگر یہ راستہ دولت مندی کا اظہار ہے تو وہ یقیناً اِسی کے پیچھے بھاگے گا۔ اِسی بات کو ہم یوں بھی کہہ سکتے ہیں کہ دولت بذاتِ خود اِنسان کیلئے ضرورت کا درجہ نہیں رکھتی بلکہ اصل ضرورت یہ ہے کہ اِنسان اِنفرادی سطح

پر دوسرے اِنسانوں سے اپنی افضلیت تسلیم کرائے اور اِس کا پیمانہ امارت کا اظہار بن چکا ہے۔

اب ہم اِس نتیجے پر پہنچے ہیں کہ معاشرے میں نمایاں ہونے کیلئے جو معیار مقرر ہے یعنی دولت مندی کی نمائش، وہی خرابیوں کا سبب ہے۔ اگر معاشرے میں عظمت اور ستائش کا ذریعہ یہ نمائش نہ رہے بلکہ اِس کی بجائے اِخلاقی اقدار اور نیک نامی بن جائے تو دولت کی کمی کی وجہ سے پیدا ہونے والی فرسٹریشن وجود میں ہی نہیں آئے گی جو جرائم کو جنم دیتی ہے۔

اِس نکتے سے تو ہمارے دَور کا، بالخصوص ترقی یافتہ معاشروں کا جینیئس بھی بخوبی واقف ہے لیکن اِس کے بعد اُس کی ہوا نکل جاتی ہے۔ اُس کے پاس ایسا معاشرتی نظام ترتیب دینے کا کوئی راستہ نہیں ہے جس کے نتیجے میں برتری کا معیار اِنسان کی دولت مندی کی بجائے اُس کی ذاتی خوبیاں قرار پا جائیں اور دولت مندی کی ملکیتی حیثیت تو بے شک قائم رہے لیکن اِس کا اظہار اور اِس کی نمائش معاشرے میں ایک گھٹیا اور رذیل حرکت تصور ہونے لگے۔ یہاں وہ جینیئس بے بس ہو جاتا ہے حالانکہ یہ بالکل سیدھا معاملہ ہے، ہمیں صرف یہ کرنا ہے کہ کسی ترکیب سے معاشرے میں دولت مند اور غریب آدمی کا معیارِ زندگی اِس طرح یکساں بنا دیں جس میں کمیونزم کی طرح کسی پر کوئی زبردستی نہ کی جا رہی ہو۔

یہ کام کس طرح ممکن ہے؟ اِس سوال کے جواب سے پہلے اس منظر نامہ کا جائزہ لینا مناسب ہو گا کہ حکومتیں اِس اِجتماعی و اِنفرادی ضرورت کی سیرابی کے مثبت راستے بند کر کے عوام کو اپنے مفاد پرستانہ مقاصد کے لیے کیسے اِستعمال کرتی ہیں؟ ٭٭٭

٭٭٭

حب الوطنی کا زہر

جب کہیں کوئی غیر مخلص مفاد پرست شخص بر سر اقتدار آتا ہے تو اُس کی ہوسِ اُسے عوام سے اُن کی محنتوں کا ثمر چھیننے پر اُکساتی ہے اور اُس کی سوچ کا رُخ بالکل ویسا ہی ہو جاتا ہے جیسا بیگار کیمپ کے مالک کا ہوتا ہے۔ تب اپنے مفادات پورے کرنے کی غرض سے عوام پر مختلف ٹیکس اور پابندیاں وغیرہ عائد کرنے کے لیے اسے ایک جواز درکار ہوتا ہے۔ یہ جواز مادرِ وطن کہلاتا ہے۔ عوام میں جو ذی شعور لوگ اِس جواز کو درست ماننے سے انکار کر سکتے ہوں ان کا دماغ ٹھکانے رکھنے کے لیے وہ غنڈے بدمعاشوں کے گروہ ملازم رکھتا ہے۔ اِن گروہوں کو مسلح افواج کہا جاتا ہے۔ افواج کا اصل مقصد تشکیل یہی ہے جبکہ دفاعی ضرورت محض ایک ڈھکوسلہ ہے کیونکہ در حقیقت دنیا میں کوئی سے بھی دو ممالک کے درمیان ایسا تنازعہ نہیں ہے جسے ذاتی مفادات کو بالائے طاق رکھنے کے بعد بھی حل نہ کیا جاسکے۔

اِس کے باوجود یہ احتمال موجود رہتا ہے کہ عوام کسی مرکز پر متحد ہو کر اِنقلاب برپا کر سکتے ہیں چنانچہ اِس احتمال سے بچاؤ کے لیے خبیث اہل اقتدار دو طرح کے ہتھکنڈے اِستعمال کرتے ہیں۔ ایک یہ کہ "لڑاؤ اور حکومت کرو" کی پالیسی وضع کرتے ہیں اور لوگوں کے درمیان باہمی منافرت اور عدم اِتفاق کی فضا قائم رکھتے ہیں چنانچہ اِس مقصد کے لیے خود پس پردہ رہ کر عوام میں مذہب و مسلک، زبان اور نسل وغیرہ کی بنیاد پر تعصبات کو فروغ دلواتے ہیں۔۔۔ اور دوسرا ہتھکنڈہ یہ کہ عوام کے ذہنوں کو گمراہ رکھا

جائے اور وہ وطن کے بت اور اِس کے نام پر بنائے جانے والے مفاد پرستانہ آئین کی بجائے زیادہ آبادی، خشک سالی یا عالمی معیشت، کرنسی کے اتار چڑھاؤ جیسی بے سروپا باتوں کو اپنی بدحالی کا ذمہ دار سمجھتے رہیں، اِس مقصد کے لیے یہ خبیث اہل اقتدار گمراہ کن تعلیمی نصاب مرتب کرتے ہیں اور میڈیا کے ذریعے بھی عوام کے ذہنوں میں وطن پرستی کے وہ نظریات انجکٹ کرتے ہیں جن کے نتیجے میں عوام کی آنکھوں پر پڑا ہوا پردہ مزید موٹا ہو جاتا ہے جبکہ دوسری طرف سچے اور مخلص افراد کے لیے ذرائع ابلاغ تک رسائی مشکل سے مشکل تر کر دیتے ہیں۔

بیگار کیمپ کی افزائش کا یہ تمام عمل مادرِ وطن، حب الوطنی اور دیگر ایسے عنوانات کے تحت ہوتا ہے جنہیں میڈیا اور تعلیمی نصابوں کے ذریعے معاشرے میں قابل عزت بنا دیا جاتا ہے۔ اِسی چیز کو اِلہامی مذاہب میں "بُت" قرار دیا گیا ہے۔ وطن پرستی کی تبلیغ میں فعال کردار ادا کرنے والے مختلف افراد کو تمغے اور اعزازات سے نوازنے کا عمل بھی اِسی بُت کے اِستحکام کا راستہ ہے۔ قومی ترانے اور پرچم کے احترام میں خاموش اور باادب کھڑے ہونا اِسی بُت کی پرستش کا ایک انداز ہے۔ اِسی طرح عوام میں اِس بُت کی پرستش کو راسخ کرنے کے لیے نصابِ تعلیم میں پہلی جماعت سے ہی ذہنوں کو ہموار کرنے کا کام شروع ہو جاتا ہے چنانچہ پختگی کی عمر تک پہنچتے پہنچتے اِن بچوں کی ذہنیت ایسی بن جاتی ہے کہ اِنہیں وطن کے نام پر کٹ مرنا نہ تو غیر فطری اور احمقانہ فعل دکھائی دیتا ہے اور نہ ہی اِس میں اِنہیں اپنے خالق سے سرکشی اور بغاوت کی بو محسوس ہوتی ہے۔

آج پوری دنیا میں ایک ہی مفاد پرست ٹولہ قارون کی صورت اِختیار کر چکا ہے اور مختلف ممالک کے سربراہان مملکت درحقیقت اُس ٹولے کے ہاتھوں کی خواہی نخواہی کٹھ پتلیاں ہیں۔ یہ ٹولہ وہی لوگ ہیں جو آئی ایم ایف، ورلڈ بینک، عالمی بنیادی کرنسی یعنی

امریکی ڈالر جاری کرنے والے ادارے فیڈرل ریزرو بینک آف امریکہ، کالے دھن کے اکلوتے محافظ سوئس بینکوں اور یورو ڈالر کے سرپرست ادارے کے مالکان اور ڈائریکٹرز ہیں۔ انہوں نے اِس طرح کے چارٹر ترتیب دے رکھے ہیں کہ اُن کے سوا کوئی دوسرا اِن اداروں کا ڈائریکٹر بن ہی نہیں سکتا۔

یہ لوگ جو اِسرائیل کے اصلی گاڈ فادر ہیں، کیپیٹل ازم یعنی قارونیت کے محافظ ہیں۔ ساری دنیا کے سربراہان مملکت کو چند مخصوص لابیوں کے ذریعے جن میں سے ایک کا نام فری میسن بتایا جاتا ہے، اپنی انگلیوں پر نچاتے ہیں، کرنسی اور ان کے بلیک منی بینک اکاؤنٹ کے ذریعے اِنہیں معزول کراتے اور برسر اقتدار لاتے ہیں اور اگر کسی ملک کا سربراہ اُن کی مخالفت اور کھلم کھلا حکم عدولی پر اتر آئے تو اُسے ایسی سزا دیتے ہیں جس سے باقی ممالک کے سربراہوں کو آئندہ کبھی ایسی مخالفت کی جرات نہ ہو۔ اِس تناظر میں دیکھنے پر صاف محسوس ہو جاتا ہے کہ امریکی صدور ابراہام لنکن اور کینیڈی، پاکستانی سربراہان بھٹو، جنرل ضیاء الحق مرحوم، سعودی عرب کے شاہ فیصل کی ہلاکت اور سوئس بینکوں کے مقابلے میں بنائے گئے بینک بی سی سی آئی (بینک آف کریڈٹ اینڈ کامرس انٹر نیشنل) کی تباہی اِسی کی روشن مثالیں ہیں۔ ابراہام لنکن کا جرم یہ دکھائی دیتا ہے کہ اُس نے امریکی ڈالر کو پرائیویٹ ادارے فیڈرل ریزرو بینک کی بجائے براہِ راست امریکی حکومت کے اِختیار میں دینے کا عندیہ دے دیا تھا۔ صدر کینیڈی کی بغاوت زیادہ شدید تھی، بتایا جاتا ہے کہ اُس نے ریزرو بینک کے مقابلے میں خود امریکی حکومت کی طرف سے ڈالر جاری کرنے شروع کر دیئے تھے چنانچہ اُسے زیادہ بھیانک سزا دی گئی اور اُس کے سارے خاندان کو چن چن کر قتل کیا گیا۔ آخری فرد اُس کا بیٹا کینیڈی جونیئر تھا جس نے بچپن میں اپنے مقتول باپ کی میت کو ڈبڈبائی آنکھوں کے ساتھ الوداعی سیلوٹ کیمرے

میں ریکارڈ کرایا تھا۔ اُسے بیسویں صدی کے آخری برس میں مبینہ طور پر ایک ہوائی حادثے کے ذریعے موت کے گھاٹ اتارا گیا تاکہ باقی سربراہوں کو یہ معلوم ہو جائے کہ قارون کے خلاف ایسی شدید بغاوت کی سزا یہ ہے کہ نہ صرف اُن کو بلکہ اُن کی نسل کو بھی مٹا دیا جائے گا، چنانچہ اُن کے دماغ ٹھکانے رہیں اور وہ "فرعونیت" پر قانع رہیں، "قارونیت" پر بھی قبضہ کرنے کی جسارت نہ کریں۔

بھٹو اور شاہ فیصل کی غیر فطری ہلاکت بھی اِسی حوالے سے معنی خیز ہے کہ انہوں نے لاہور کی اِسلامی سربراہی کانفرنس میں آئی ایم ایف کے متوازی ایک اِسلامی بینک یعنی "قارون" بنانے کا اعلان کر دیا تھا۔ جنرل ضیاء الحق کے افغانستان کو پاکستان میں شامل کرنے اور اُس کے بعد پاکستان کو اِسلام کا اقتصادی قلعہ یعنی "اسلامی قارون" بنانے کا عندیہ اور اِس مقصد کیلئے اِسرائیل کی مخالفت میں اپنی او آئی سی کے اجلاس کی مشہور و معروف تقریر میں اور اس کے بعد بھی عالم اِسلام کو اکسانا اُن گاڈ فادرز کیلئے ناقابل برداشت ہو چکا ہو گا۔ روس کی توڑ پھوڑ بظاہر اِس لیے بھی ضروری ہو گئی تھی کہ بحیرۂ کیسپین کے مشرق میں بھی تیل کا ایک مزید بہت بڑا ذخیرہ دریافت ہو چکا تھا چنانچہ اُس کو ہتھیانے کیلئے اُنہیں بینک کو سود ادا کرنے والی ملٹی نیشنل کمپنیوں کو اِستعمال کرنا تھا اور ان کمپنیوں کی اُس روسی سوشلسٹ معاشرے میں گنجائش نہیں پیدا ہو سکتی تھی۔ بی سی سی آئی نے آئی ایم ایف کی اجازت کے بغیر سوئس بینکوں کے مقابلے میں کالے دھن کا ایک نیا پول بننے کیلئے پیش رفت شروع کر دی تھی۔

یہ تفصیلات اور دنیا بھر میں بکھری ہوئی ایسی مثالوں کا ذکر بے پناہ طوالت کا متقاضی ہے اور ویسے بھی چونکہ ہمارے موضوع کا براہ راست حصہ نہیں لہٰذا ہم صرف اِس نکتے پر اپنی توجہ مرکوز کریں گے کہ عالمی سطح پر وطن پرستی کا محافظ یہی ٹولہ ہے۔ اقوام متحدہ

اور اُس کے ذیلی ادارے، نوبل پرائز اور دیگر عالمی اعزازات، سپورٹس مقابلے، قومی سطح کے میلے اور جشن، قومی ہیرو اور اُن کے نام پر منائے جانے والے دن پوری اِنسانیت کی سطح پر اِسی مذہبِ وطنیت کو نفسیاتی اِستحکام دینے کے وہ انتظامات ہیں جن کا پس پردہ مقصد یہی ہے کہ اُن علاقوں کو چھوڑ کر جہاں اِس ٹولے کے افراد اور اِن کی برادری قبیلے کو خود رہنا ہے اور اپنی جان مال کو محفوظ رکھنا ہے، اُن علاقوں کو چھوڑ کر باقی دنیا میں ہر ملک کے مقامی حکمرانوں کے ذریعے قانون کے نام پر عوامی مال و متاع کی لوٹ کھسوٹ اِس طرح کی جائے کہ اِس میں مذہبی قوتیں بھی مزاحم نہ ہو سکیں اور پھر اِس لوٹ کے مال سے دونوں پارٹیاں یعنی ملکی مقامی حکمران اور مرکزی عالمی ٹولہ مل کر انجوائے کریں اور اِس عمل میں چرچ اور دیگر مذہبی پیشوائیت کو شامل نہ کرنا پڑے۔

اِسی مقصد کیلئے قانون سازی کی بنیاد مذہب کی بجائے وطنیت پر رکھی گئی، البتہ جن علاقوں میں اِس ٹولے کو خود رہنا ہے مثلاً سکینڈے نیویا کے ممالک اور لیشٹن سٹائنLeichtenstein وغیرہ، وہاں اور اُن کے گردونواح میں یہ لوگ وطنیت کا تصور زندہ رکھنے کے باوجود مہلک قوانین نافذ نہیں ہونے دیتے اور یوں لوٹ کھسوٹ نہیں مچنے دیتے تاکہ تیسری دنیا کا ذی شعور ذہن بھی اصل زہر پکڑ نہ پائے اور یہ سمجھتا رہے کہ اگر کیپیٹل ازم اور وطنیت کا تصور غلط ہوتا تو دنیا کے ہر ملک کے عوام پریشان حال ہوتے۔

اُن علاقوں میں جہاں کا موسم خوشگوار ہے، وہ ٹولہ خود رہتا ہے اور اپنی جان مال کو محفوظ رکھنے کیلئے صحت مندانہ قوانین نافذ کراتا ہے تاکہ اُن کے معاشرے اور گردونواح میں جرائم اور کرپشن نہ پھیلے، اُن علاقوں کو ہم ترقی یافتہ ممالک یا فلاحی مملکتیں کہتے ہیں۔

ذرا گہرائی میں غور کریں تو ہم محسوس کرتے ہیں کہ وطنیت کے اِس تصور کی حیثیت ایک ایسے متبادل مذہب کی سی بنا دی گئی ہے جس میں عوام سے اپنی پرستش کرانے کیلئے یعنی وطن کی محبت کے نام پر ظالمانہ قوانین نافذ کرنے کیلئے فرعون کو مذہبی پیشوائیت کی تائید درکار نہیں ہوتی حالانکہ بنیادی تصور اِس مذہب وطنیت کا بھی بالکل وہی ہے جو یہودیت یا ہندوازم کا ہے۔ وہاں مذہب پر ایک نسل کی اجارہ داری ہے اور اِسی بنیاد پر وہ خود کو ایک قوم کہتے رہے ہیں یعنی کسی فرد کی قومیت کا انحصار اِس امر پر ہے کہ اُس کے والدین کی قومیت کیا ہے۔ اب اگر کوئی دوسرا شخص جو ان کی نسل سے نہ ہو، ان میں شامل ہونا چاہے تو اُس کیلئے یہ ممکن نہیں ہوتا۔ بالکل یہی بات وطنیت کے تصور کی بنیاد ہے یعنی ہر فرد کی قومیت کا لیبل خواہ وہ اُس کے والدین کی قومیت کی بنیاد پر ہو یا اُس کی جائے پیدائش کی بنیاد پر، اُس کی پیدائش کے وقت سے ہی اُس پر تقریباً ہمیشہ کیلئے لگ جاتا ہے اور پھر وہ اِسی کو قبول یا برداشت کرنے پر مجبور ہوتا ہے یعنی اگر اُسے برداشت کرنا پڑ رہا ہوتا ہے تو وہ اُسے جب چاہے بدل نہیں سکتا اور اپنی مرضی کی قومیت اِختیار نہیں کر سکتا لہٰذا اِسی پیدائشی قومیت کو اپنے لیے ذہنی طور پر قبولیت کے درجے تک پہنچانے کیلئے وہ ہر سطح پر اپنی سی کر گزرتا ہے اور اُس وقت اُس کی نظر میں دوسری اقوام کے افراد کیلئے کسی قسم کا جذبۂ اُنس و اپنائیت نہیں رہتا چنانچہ اِن افراد کے خلاف جنگوں اوراِس سے بھی بڑھ کر بہیمانہ اقدامات اٹھاتے وقت اُس کا ضمیر مزاحم ہی نہیں ہوتا اور یوں اُس کو حیوان بنتے دیر نہیں لگتی۔

ماضی قریب کی تاریخ کے مطالعے سے معلوم ہوتا ہے کہ اِس عالمی منصوبہ بندی کی اِبتدا اُنیسویں صدی کے آخر میں ہوئی تھی اور اِسے عالمی صیہونی سازش Zionist Conspiracy (Protocols of the Learned Zion Elders) کا نام دیا گیا

تھا۔ اِس سازش کا لب لباب یہ بتایا جاتا ہے کہ صیہونیوں کی نظر میں خود اُن کے سوا باقی تمام اِنسانیت جانوروں حیوانوں کی مانند ہے اور وہ عقیدہ رکھتے ہیں کہ یہ جانور اُنہی کی غلامی کیلئے پیدا ہوئے ہیں۔ یاد رکھنا چاہیے کہ صیہون کسی نظریاتی قوم کا نام نہیں بلکہ یہودیوں کی ایک بالائی نسل کا نام ہے اور مروجہ عیسائیت یا اِسلام کی طرح ہر اِنسان جب چاہے اُس نسل میں شامل نہیں ہو سکتا۔

اِس سازش کے ذریعے انہوں نے در حقیقت پوری اِنسانیت سے اپنی نسل کیلئے غلامی کرانے کا طریق کار وضع کیا تھا۔ وہ طریق کار یہ تھا کہ دنیا بھر کے معاشروں میں دولت کے زور پر آلہ کار پیدا کیے جائیں، پھر اِن آلہ کار افراد کو مالی سپورٹ دے کر اِن کے علاقوں میں اِنہیں حکمران بنوایا جائے اور تب اِن کے ذریعے کیپیٹل ازم کو پروان چڑھایا جائے اور اس کے ذریعے اقوام کو مقروض کرنے کے علاوہ معاشروں میں کیپیٹل ازم پر مبنی ایسے قوانین نافذ کرائے جائیں جن کے نتیجے میں معاشروں میں ہوسِ زر فروغ پائے تاکہ اِقتدار کا حصول بھی دولت کا محتاج رہے چنانچہ پہلے اربابِ اقتدار اور پھر اِن کے ذریعے پوری اِنسانیت اُن یہود کی دست نگر ہو جائے۔ (جمہوریت کے حق میں جو عالمی ذرائع ابلاغ پر اِس قدر غوغا مچایا جاتا ہے اِس کا پس پردہ محرک بھی یہی ہے کہ ایسے معاشروں میں جہاں عوام کو سستا اور فوری انصاف میسر نہ ہو اور جان و مال عزت و آبرو کے تحفظ کی گارنٹی نہ ملے وہاں جمہوری نظام میں چند سال کیلئے اقتدار حاصل کرنے کیلئے بھی کافی دولت درکار ہوتی ہے۔ مارشل لاء اور آمریت کی مخالفت اِسی لیے کی جاتی ہے کہ دولت اِستعمال کیے بغیر اقتدار غیر معینہ مدت تک کیلئے حاصل کر لینے والے حکمرانوں کے عوام سے مخلص ہو جانے کا احتمال زیادہ قوی ہوتا ہے جبکہ جمہوری نظام میں دولت کے زور پر محدود مدت کیلئے بر سر اقتدار آنے والے حکام کو سب سے پہلے اپنی دولت کو واپس مع

نفع حاصل کرنے کی فکر لگی ہوتی ہے۔)

سازش کا اگلا مرحلہ یہ تھا کہ اِنہی آلہ کار حکمرانوں کے ذریعے بیرونی قرضوں کے سود کی ادائیگی، دفاع اور ترقیات وغیرہ کیلیئے ٹیکس کے نام پر عوام سے اُن کی محنتوں کا ثمر اُسی طرح حاصل کیا جاتا رہے جس طرح بار برداری کے جانوروں سے یا بیگار کیمپ کے قیدیوں سے حاصل کیا جاتا ہے یعنی ان سے خوب محنت کرائی جائے لیکن ان کی محنتوں کا ثمر اُن پر ٹیکس عائد کر کے اُن سے چھین لیا جائے اور اُن کے پاس صرف اسی قدر رہنے دیا جائے جس سے وہ مزید محنت کرتے رہنے کے قابل ہو سکیں۔

دوسری طرف اِن آلہ کار حکمرانوں کی لوٹ کھسوٹ کو تقویت دینے کیلیئے اِن کے کالے دھن کو محفوظ کرنے کا اجارہ دارانہ انتظام بھی سوئس بینکوں کے نام سے موجود رکھا گیا تاکہ یہ حکمران اُن غیر ملکی قرضوں کو جو اُنہیں اُن کے وطن کی ضرورت کے نام پر دیئے جائیں، اُن قرضوں کو اور ملک سے لوٹی ہوئی دیگر دولت کو ہڑپ کر کے کالے دھن کی صورت میں محفوظ کرنے کیلیئے اُسی ٹولے کے سوئس بینکوں میں اپنا اکاؤنٹ کھولیں اور یوں یہود کی اصل رقم بھی ہر پھر کے مع سود واپس اُنہی کی جیب میں پہنچ جائے۔ اس کے علاوہ اس میں یہ فائدہ بھی تھا کہ جب حکمرانوں کی دولت ان کے پاس جمع ہو گی تو یہ حکمران ان کے حکم سے سرتابی نہیں کر سکیں گے۔

بتایا جاتا ہے کہ یہ سازشی منصوبہ جب تقریباً سو سال قبل طشت از بام ہوا تو پہلی جنگ عظیم کا محرک بنا، پھر ہٹلر بھی یہود کے خلاف اِسی کا انتقامی ردعمل بن کر ابھرا اور اُس نے یہودی نسل کو دنیا سے ہی ختم کر دینے کا اعلان کیا لیکن یہ بھی اپنی جگہ ایک المیہ ہے کہ اُس وقت بھی اور اُس کے بعد بھی اِنسانیت اِس سازش کے طریق واردات کو سمجھ ہی نہ سکی چنانچہ آج یہ سازش پوری طرح فعال ہو چکی ہے اور عالمی بینکاروں اور دیگر مالیاتی

اداروں کے مالکان پر مشتمل یہ حکمران ٹولہ اُنہی صف اول کے صیہونیوں (یہودیوں) پر مشتمل ہے جن کے آباؤ اجداد نے اِس سازش کا تانا بانا بُنا تھا۔

اِس سازش کا ڈھانچہ نظام بینکاری پر اُستوار ہے۔ اقتصادیات کو سمجھنے والے جانتے ہیں کہ بینکاری کا یہ نظام دنیا بھر میں ایک ہی مقام پر پول Pool ہوتا ہے۔ بیسویں صدی کے آخری برسوں میں نیو ورلڈ آرڈر کے نام سے لوٹ کھسوٹ کا جو نیا طریقہ اِختیار کیا گیا اور یہ طے کیا گیا کہ اُس ٹولے کو یعنی بینک کو سود ادا کرنے والی ملٹی نیشنل کمپنیوں کی کاروباری اجارہ داری ورلڈ ٹریڈ آرگنائزیشن اور مقامی آلہ کار حکمرانوں کے ذریعے قائم اور محفوظ کی جائے گی تاکہ عوام انہی کمپنیوں کی مہنگی مصنوعات اِستعمال کرنے پر مجبور ہوں اور زیادہ سے زیادہ سود بینکوں کے ذریعے اُس ٹولے کو پہنچے، یہ طریقہ بھی گلوبلائزیشن کے نام سے اِسی سازش کا ضمیمہ ہے۔

ٹیکس چونکہ افراد کی محنتوں کا ثمر چھیننے کا ایک ایسا طریقہ ہے جس کو ظلم قرار دینے کیلئے کسی خاص بصیرت اور عمیق نگہی کی ضرورت نہیں ہوتی چنانچہ اِس کے نتیجے میں عوامی اِنقلاب کا احتمال موجود رہتا ہے۔ اِس کے علاوہ اِس طریقے سے ایک بڑا طبقہ جو عوام سے یہ ٹیکس یا بیگار چھینتا ہے یعنی جس کے افراد برسرِ اقتدار لائے جاتے ہیں، وہ طبقہ بھی بہرحال ایسے لوگوں پر مشتمل ہو جاتا ہے جو خود کوئی محنت نہیں کرتے اور دوسروں کی محنت پر عیاشیاں کرتے ہیں۔ اِس سے مزید عوامی اشتعال وجود میں آتا ہے۔ اب چونکہ یہ لوگ خود اپنی محنت کی کمائی پر قانع نہیں ہوتے لہٰذا نہ صرف یہ کہ عالمی قارون کو کچھ دینا نہیں چاہتے بلکہ الٹا یہ قارون کی جگہ بھی ہتھیا لینے کے خواب دیکھنے لگتے ہیں جس کی وجہ سے قارون کو بھاری خرچ پر ان میں سے ایسے باغی حکمرانوں کی سرکوبی بھی کرنا پڑتی ہے۔ ڈبلیو ٹی او اور گلوبلائزیشن کا تصور ایسے ہی ہر احتمال کیلئے قارونی پیش بندی ہے چنانچہ اب

منصوبہ بظاہر یہ دکھائی دیتا ہے کہ ممالک کی اقتصادی شہ رگ دسترس میں رکھنے کیلئے گلوبلائزیشن کے نام پر یورو کی طرح ایسی کرنسیوں کو رواج دینے کی کوشش کی جائے گی جن پر کسی ایک ملک کی چھاپ نہیں ہوگی اور یہ کرنسیاں عالمی مالیاتی اداروں کے یعنی خود ان کے کنٹرول میں ہوں گی جس کے نتیجے میں ممالک کی مقامی حکومتوں کا قومی اقتصادی پالیسی پر اختیار بتدریج کم ہوتا چلا جائے گا اور اسی ضمن میں تابوت کے آخری کیل کا کام ورلڈ ٹریڈ آرگنائزیشن کرے گی۔ بڑی بڑی ملٹی نیشنل کمپنیوں کو سودی قرض دیئے جائیں گے، یہی کمپنیاں مختلف ممالک میں ترقیاتی کاموں کو بھی کمرشل بنیادوں پر انجام دیں گی اور اپنی مہنگی مصنوعات بھی فروخت کریں گی اور سروسز Services بھی فراہم کریں گی۔ اِس کے نتیجے میں بینک کو براہ راست سود پہنچنے لگے گا اور یوں انہیں عوام کی محنت کا ثمر حاصل کرنے کیلئے مقامی حکومتوں یعنی فرعون کی احتیاج نہیں رہے گی جبکہ خود مترفین کا طبقہ بھی جو اِن مصنوعات کا سب سے بڑا گاہک ہوگا، ان مصنوعات کی قیمت کی شکل میں اپنے حصے کا سود قارون کو ادا کرے گا، دوسری طرف ان ملٹی نیشنل کمپنیوں کی اجارہ دارانہ مارکیٹنگ قائم کرنے کیلئے ان کے مقابلے میں کسی ایسی کمپنی کو سر اٹھانے نہیں دیا جائے گا جو ان عالمی مہاجنوں کی مقروض نہ ہو چنانچہ دنیا بھر میں پرائیویٹائزیشن کا عمل اِسی سلسلے کی ایک کڑی ہے۔ یہی مثال ترقیاتی کاموں کی ہے۔ عام آدمی کیلئے جو اقتصادیات کی گہرائیوں میں نہیں اترتا، اِس عمل کو سمجھنے کی ایک معمولی سی مثال موٹر وے ہے جو پرائیویٹ سیکٹر میں بنائی جاتی ہے اور جہاں ہر پرائیویٹ گاڑی گزرنے کیلئے ٹکٹ کی قیمت ادا کرتی ہے خواہ وہ پرائیویٹ گاڑی کسی وزیر کی ہی کیوں نہ ہو۔ اِس قیمت میں بینک کا سود بھی شامل ہوتا ہے۔

اب قارون کا ہدف یہی ہو سکتا ہے کہ اُن ممالک میں جہاں وہ خود رہتا ہے اور

جنہیں ہم فلاحی ممالک کہتے ہیں، اُن ممالک کے غیر یہودی باشندوں کو بھی غلام بنائے اور اِس کیلئے لازم ہے کہ یہودی ساری دنیا سے ہجرت کر کے اپنا ایک الگ اور بہت بڑا ملک بنا لیں تا کہ دیگر معاشروں میں مفاد پرستانہ قوانین نافذ کروا کر باقی اِنسانیت سے بھی اُس کی محنتوں کا پھل چھینا جا سکے۔ اِس مقصد کیلئے دنیا کا سب سے زرخیز اور پورے سال کے دوران سب سے خوشگوار موسم کا حامل علاقہ یعنی فلسطین اور اُس کے وسیع و عریض ملحقہ علاقے اور ممالک کو انہوں نے اپنا بہت بڑا ملک گریٹر اِسرائیل Greater Israel بنانے کیلئے منتخب کر لیا ہے اور اس کیلئے مذہبی بنیادوں پر عیسائیوں کو اکسانے کی کوششیں شروع ہو چکی ہیں۔

اب اِس منصوبے کی انتہا یہ محسوس ہوتی ہے کہ جس طرح وطنیت کو مذہب کی حیثیت دے کر ہامان یعنی مذہبی پیشوائیت کو معاشرے میں تقریباً بے حیثیت کیا گیا ہے اِسی طرح اب فرعون کی خود مختاری بھی معدوم کی جائے گی تا کہ معدنی ذخائر مثلاً تیل گیس وغیرہ پر ملٹی نیشنل کمپنیوں کے ذریعے قبضہ کرنے کی راہ میں بھی یہ فرعون یعنی حکام مزاحم نہ ہو سکیں۔

اِس کا آسان طریقہ ہم دیکھ آئے ہیں اور بظاہر ایسا محسوس ہوتا ہے کہ ساری دنیا پر مشترکہ کرنسیوں کے چلن کے ذریعے ایک ایسی اقتصادی سپریم پاور یا مالیاتی اتھارٹی مسلط کرنے کی کوشش کی جائے گی جو کسی فرعون یعنی کسی ایک ملک کے حاکم کے ماتحت نہ ہو بلکہ مشترکہ بنیادوں پر ایستادہ ہونے کی وجہ سے براہِ راست آئی ایم ایف وغیرہ، غرض عالمی قارون یعنی عالمی مالیاتی اداروں کے ماتحت ہو کیونکہ ان اداروں کے مالکان وہی صیہونی خود ہیں، جبکہ دوسری طرف سارے فرعون اُس سپریم پاور کے چارٹر کی رُو سے اس مشترکہ کرنسی کے ذریعے اپنے ملکی مالیاتی امور میں اُس اتھارٹی کے بالواسطہ طور پر

ماتحت اور آلہ کار بن جائیں، شاید اسی کو گلوبلائزیشن اور نیو ورلڈ آرڈر جیسی اصطلاحات سے معنون کیا گیا ہے۔

ایک صدی پہلے سامنے لائے گئے صیہونی منصوبے میں اُس اقتصادی قوت کے مرکز کیلئے یورپ کا تعین موجود ہے چنانچہ یورپ کی مشترکہ کرنسی اور یورپی یونین کا قیام اِسی ہدف کی طرف پہلا قدم کہلا سکتا ہے تاہم یہ اپنی جگہ ایک حقیقت ہے کہ منصوبے کے اگلے مراحل مثلاً کسی مشترکہ کرنسی جیسے یورو کو امریکی ڈالر سے بہتر کرنسی کے طور پر مستحکم کرنا اور پھر عالمی سطح پر ملٹی نیشنل کمپنیوں کی مصنوعات کی تجارت اور درآمد و برآمد کے حسب منشا قوانین نافذ کرنے کیلئے ڈبلیو ٹی او وغیرہ کے ذریعے زمین ہموار کرنا، نیل سے فرات تک کے درمیانی علاقے میں وسیع تر گریٹر اِسرائیل کا قیام اور پھر اُس اِسرائیل کی مخالف اُس کی پڑوسی عرب اقوام کو ایک بڑی جنگ کے ذریعے عیسائی دنیا کے ہاتھوں نیست و نابود کرانا تاکہ وسیع و عریض اسرائیل کے گردونواح میں بھی اُن کے پسندیدہ قوانین نافذ ہو سکیں۔۔۔ اور پھر دنیا کے سب سے امیر سب سے ترقی یافتہ اور سب سے طاقتور ہتھیاروں کے حامل اُس ملک اسرائیل میں امریکی یہودیوں سمیت دنیا بھر سے یہودیوں کی آبادکاری کے ساتھ ساتھ عالمی کرنسی یا ایک سے زیادہ ایسی مشترکہ کرنسیوں کا اجرا جن پر کسی ایک ملک کا نہیں بلکہ عالمی مالیاتی اداروں کا اختیار ہو، یہ سب مراحل آناً فاناً ممکن نہیں، بلکہ شاید اِس کیلئے ایک پوری نسل کا فاصلہ انہیں طے کرنا پڑ سکتا ہے تاہم یہ بات محل نظر ہے کہ گمنام دہشت گردی کے واقعات ایک تواتر کے ساتھ نہ صرف جاری بلکہ روز افزوں بھی ہیں اور جن کے ذمہ دار کچھ ایسے پر اِسرار لوگ بتائے جاتے ہیں جنہیں عربی النسل مسلمان قرار دیا جا رہا ہے، چنانچہ اِس تمام شوروغل میں عیسائیوں اور مسلمانوں کے درمیان نفرت کی خلیج وسیع تر ہوتی جا رہی ہے جسے میڈیا پر اپیگنڈے کے

زور پر اِسرائیل مخالف عربوں اور عیسائیوں کے درمیان مسلح تصادم کی صورت میں منتج کیا جاسکتا ہے اور یوں عالمی سپریم گورنمنٹ کی داغ بیل رکھی جا سکتی ہے۔ یہ حقیقت اہل نظر سے پوشیدہ نہیں کہ عالمی میڈیا خود انہی کی ملکیت ہے۔

یہ تمام عمل اُسی وقت مکمل ہو سکتا ہے جب اِس کے تحفظ کیلئے یعنی عام آدمی کو غلام بنانے کیلئے قانون سازی کے وقت وطن پرستی کی جڑیں عوام میں گہری ہو چکی ہوں چنانچہ اِس ب ّت کی ممکنہ مخالفت کا سدباب کرنا بھی ان کیلئے ضروری تھا۔

یہ مخالفت صرف مذہبی حلقوں سے ہی ممکن تھی لہٰذا اِس کیلئے ایک طرف سیکولرازم کی آڑ ڈھونڈی گئی اور اِنسان کو یہ باور کرانے کا پراپیگنڈا ہوتا رہا کہ مذہب محض اندھے عقیدےDogma کا نام ہے اور اِس کا مادرِ وطن کی بقاء اور اِستحکام کے نام پر بننے والے آئین اور قانون سے کوئی واسطہ نہیں ہے بلکہ مذہب ہر شخص کا ذاتی اور اِنفرادی معاملہ ہے۔۔۔۔ اور دوسری طرف زر پروردہ مذہبی پیشوائیت پروان چڑھائی گئی جس کا کام یہ تھا کہ فرقہ وارانہ تعصبات پیدا کر کے عوام کو باہم الجھائے رکھے اور انہیں فساد کی اصل جڑ کی جانب متوجہ نہ ہونے دے۔

آسمانی مذاہب میں ان دونوں کرداروں کی یعنی اُس عالمی ٹولہ اور اُس کے زر پروردہ آلہ کار حکمرانوں کی نشاندہی قارون اور فرعون کے نام سے موجود ہے۔ قارون معاشرے میں فرعون کی نشوونما کرتا ہے یعنی اسے بر سر اقتدار آنے کیلئے مالی سہارا فراہم کرتا ہے اور پھر اِس فرعون کے ذریعے مادر وطن کے نام پر ایسے قوانین نافذ کراتا ہے جن سے اقتدار کا حصول دولت مندی کا محتاج ہو جائے اور یوں ہوسِ زر شدت کے ساتھ فزوں تر ہو جائے۔ اِس سے طبقاتی اِمتیاز جنم لیتا ہے اور پھر اقتصادی عدم تحفظ کے باعث سود خود بخود ایک ضرورت بن جاتا ہے جس سے قارون کے خزانوں میں اضافہ ہوتا رہتا

ہے۔ اِن دونوں یعنی قارون اور فرعون کا معاون کردار جو عوام کی توجہ ہٹائے رکھنے کیلئے یا اُنہیں گمراہ یا باہم دست و گریباں رکھنے کے ہتھکنڈے اِستعمال کرتا ہے، ہامان کے نام سے ذکر کیا گیا ہے۔ یہ تینوں کردار اِنسانی معاشرے میں ہمیشہ سے رہے ہیں، آج صرف یہ فرق پڑا ہے کہ یہ عالمی جسامت اِختیار کر گئے ہیں۔ قارون کی جگہ پر آئی ایم ایف ورلڈ بینک کے کرتا دھرتا یہود، فرعون کی جگہ پر اِستبدادی آئین کی محافظ حکومتوں اور ہامان کی جگہ پر تفرقہ پرست مذہبی پیشوائیت، لسانی اور علاقائی تعصبات کو ہوا دے کر چندہ وصول کرنے والی سیاسی پارٹیوں اور این جی اوز کو رکھ کر دیکھیے، آپ کو آسمانی مذاہب کی تعلیمات سمجھ میں آنے لگیں گی۔

مختصر یہ کہ وطن پرستی وہ زہر ہے جو نفسیاتی طور پر ہر ظلم، ہر اِستحصال کے خلاف عوامی مدافعت کی کمر توڑ دیتا ہے اور مہنگائی، غربت اور کسمپرسی کے ہاتھوں خودکشی پر آمادہ ہو جانے کے بعد بھی سسکنے والے کی سمجھ میں یہ نہیں آتا کہ اگر حکومت کا مادرِ وطن کے نام پر اُس کے بچوں کے منہ کا نوالہ چھین لینا درست ہے تو پھر غلط کیا ہے؟

اب سوال یہ ہے کہ آخر اِس زہر کا تریاق کیا ہے؟ اگر ہم یہ توقع کریں کہ کوئی نہ کوئی فرعون ہی معجزانہ طور پر نیک نیت ہو جائے اور ملک کو ٹیکس فری اسٹیٹ قرار دے دے، ہوسِ زر کو تقویت دینے والے قوانین منسوخ کر دے، رزق کے وسائل یعنی آزادانہ درآمد و برآمد، کھلی منڈی کی تجارت صنعت و زراعت وغیرہ سب کیلئے کھول دے۔۔۔ تو یہ اِس لیے آسان نہیں ہے کہ قارون اُس بسیار پشیماں فرعون کا دشمن ہو جائے گا اور اُس کا عبرت ناک حشر کرنا چاہے گا۔۔ عوام کو اِنقلاب پر مائل کرنے کا راستہ ہامان نے مسدود کر رکھا ہے۔ اگر عوام میں سے کوئی سر سے کفن باندھ بھی لے تو بھی نقار خانے میں اُس توتی کی آواز کوئی نہیں سنے گا اور اگر کوئی بلند آواز والا اٹھ کھڑا ہوا تو اُس کا

گلا گھونٹ دینا قارون اور فرعون کے لیے چنداں دشوار نہیں، لہٰذا یہاں ایک ہی ابتدائی صورت ممکن ہے کہ مہلک سودی قوانین کے خلاف آواز یا ہتھیار اٹھانے کی بجائے ایک ایسے پر کشش اصلاح بخش لیکن اضافی قانون کی آزادی کا غلغلہ بلند ہو جائے جس کی موجودگی میں خباثت بھرے یعنی ہوسِ زر کو فروغ دینے والے کیپیٹل ازم کے مروجہ قارونی قوانین موجود ہونے کے باوجود اِس طرح بے حیثیت ہو جائیں جس طرح ٹھنڈے میٹھے فرحت انگیز پاکیزہ مشروب کی وافر موجودگی میں غلیظ اور آلودہ پینے کا پانی ناقابل توجہ ہو جاتا ہے۔ تب پھر چونکہ افراد ان خبیث سودی قوانین کے مطابق اپنی زندگی کی ترتیب اِختیار نہیں کریں گے لہٰذا ہوسِ زر ختم ہو جائے گی، مذموم مفادات پورے کر لینا ممکن ہی نہ رہے گا اور یوں تمام تر بدنیتی اور کیپیٹل ازم کے باوجود وہ مفاد پرست عناصر عوام کا اِستحصال کر ہی نہ سکیں گے یہاں تک کہ خبیث قوانین کا وجود ہی معدوم ہو جائے گا۔

آیئے اِس پر کشش اِصلاح بخش قانون کی طرف قدم بڑھائیں۔

◌

***

مفاد پرستی کا راستہ مسدود کرنے والے قانون کی اساس

ہم جائزہ لے چکے ہیں کہ معاشرے میں عزت اور برتر مقام حاصل کرنا اِنسان کی ضرورت ہے۔ قارون صرف یہ کرتا ہے کہ فرعون کے ذریعے کیپیٹل ازم یعنی ایسے قوانین نافذ کراتا ہے جن سے یہ ضرورت پوری کرنے کا راستہ صرف دولت رہ جائے۔ عائلی قوانین میں ہر صوابدیدی قدغن، صنعت و تجارت اور آزادانہ درآمد و برآمد پر ہر پابندی، لیبر ایکٹ اور ٹیکس، ڈیوٹی، لائسنس، سرچارج وغیرہ اِسی ضمن میں آتے ہیں۔ اب چونکہ اُس نے عالمی مالیاتی سسٹم ایسا اجارہ دارانہ بنایا ہوا ہے کہ دولت کا بہاؤ از خود اسی کی جانب رہتا ہے اور دولت کے تمام ذخائر خواہ وہ کالا دَھن ہو یا ممالک کے قومی ریزرو اثاثے، سب اسی کے پاس ہی اکٹھے ہو سکتے ہیں لہٰذا پوری اِنسانیت اُس کی بالواسطہ طور پر محتاج ہو کر رہ گئی ہے۔ اِسی احتیاج کے باعث تیسری دنیا کے ممالک میں عوام اپنی محنتوں کا ثمر اُسے پیش کرنے پر مجبور ہو جاتے ہیں۔ اگر کسی معاشرے میں ایسے قانون کی آزادی حاصل ہو جائے جس کے نتیجے میں عزت اور برتر سماجی مقام حاصل کرنے کا راستہ دولت نہ رہے اور برتری کا معیار وہ بن جائے جو کسی سے خریدا یا چھینا نہیں جا سکتا اور جس کی کوئی حد نہیں ہوتی یعنی اِخلاق و اطوار، رویہ و سلوک اور سادگی اور سچائی وغیرہ۔۔۔ تو دولت کا بہاؤ قارون کی جانب ہونے کے باوجود کسی کو دولت مندی کی احتیاج بلکہ پرواہ ہی نہ رہے۔ تب وہ معاشرہ نہ صرف قارون اور فرعون کے چنگل سے نکل جائے گا بلکہ دنوں ہفتوں میں دنیا کے خوشحال ترین معاشرے کا درجہ حاصل کر لے گا۔

یہ قانون کون سا ہے؟ اِس تحریر کا بنیادی موضوع یہی ہے، لیکن اُس کی جستجو سے پہلے لازم ہے کہ جرم کے دوسرے محرک یعنی جسمانی تعلق کی ضرورت کو بھی مد نظر رکھا جائے۔

فرسٹریشن کے پیدا ہونے کی دوسری اور آخری وجہ جنس ہے۔ بہت سے سنگین جرائم جن کی بنیاد دولت نہیں ہوتی، بلاواسطہ یا بالواسطہ جنس سے متعلق ہوتے ہیں۔ بہت سی بیماریاں مثلاً ایڈز، جنس سے وابستہ ہیں۔ منشیات، بلکہ سگمنڈ فرائڈ کی رائے میں تو تمباکو نوشی تک کے پس منظر میں جنس کار فرما ہوتی ہے۔ یہی وہ ضرورت ہے جو معاشرے میں سنگین جرائم کے وقوع پذیر ہونے کا دوسرا بڑا سبب ہے۔

اب ہمارے لیے راہِ فکر بن گئی اور ہمارے سامنے وجوہاتِ جرم کا خاکہ ابھرنا شروع ہو گیا۔ اب ذرا سا کلوز اَپ میں جائیں گے تو اِس خاکے کے خط و خال اور وہ قانونی سقم صاف دکھائی دے جائیں گے جن کے ذریعے مفاد پرستوں نے معاشرے میں فساد برپا کر رکھا ہے۔

***

محرکاتِ جرائم کا حتمی تعین

ہر قسم کے جرائم کے گہرے تجزیئے کے بعد ہم بخوبی دیکھ سکتے ہیں کہ معاشرے میں اِنفرادی اور اِجتماعی، ہر قسم کے جرائم کے محرک صرف دو عوامل ہیں، افضلیت کی خواہش اور جنس۔ اِنسان کی تمام فطری ضروریات میں سے صرف یہی دو ایسی ہیں جو اپنی خاطر خواہ تکمیل نہ مل سکنے کی وجہ سے دیگر ضروریات کی نوعیت پر اثر انداز ہوتی ہیں۔ دوسرے الفاظ میں ہم یوں کہہ سکتے ہیں کہ اگر یہ دو ضروریات اِنسان کیلئے مسئلہ نہ رہیں تو جسمانی تحفظ کی ضرورت یعنی غذا، لباس، رہائش وغیرہ کو بھی خود بخود تکمیل کا آسان راستہ میسر آجائے گا کیونکہ ہر کسی کو اِس ضمن میں قیمتی لباس، عالیشان رہائش، پُر تعیش سواری وغیرہ حاصل کرنا ذریعہ عزت ہونے کی بجائے باعث تحقیر دکھائی دے رہا ہو گا۔

ہم نے دنیا بھر میں ہونے والے ہر قسم کے جرائم کے محرکات صرف دو عوامل قرار دیئے ہیں یعنی برتری کی طلب اور جنس۔ ممکن ہے کہ کچھ لوگ اِس سے متفق نہ ہوں اور خوف، اِنتقام، غیرت اور اِشتعال وغیرہ کو بھی جرم کا محرک سمجھتے ہوں۔ یہاں اُن سے مزید غور کرنے کی اِستدعا ہے تاکہ وہ محرک اور جرم کی اِبتدا کی حقیقت کو سمجھ سکیں۔

دراصل اِنتقام، خوف اور اِشتعال وغیرہ کی نفسیاتی حیثیت جرم کے محرک کی نہیں بلکہ جرم کے تسلسل Continuity کی ہے۔۔۔ اور جرم کا پھیلاؤ یا اُس کے وقوع پذیر ہونے کا درمیانی عمل اِس وقت ہمارا موضوعِ بحث نہیں ہے بلکہ اِس وقت جرم کی اِبتدا کا نکتہ زیر نظر ہے۔ جب کوئی شخص انتقام، خوف، غیرت یا اشتعال کے زیر اثر کوئی جرم

کرتا ہے تو وہ دراصل ماضی میں ہونے والے کسی جرم کو آگے بڑھا رہا ہوتا ہے۔ اگر آپ ماضی میں ہونے والے اُس پہلے جرم کے محرک کو دیکھیں کہ جس کی وجہ سے انتقام یا غیرت کا جذبہ پیدا ہوا تو وہ یقیناً انہی دو عوامل یعنی برتری کی ضرورت یا جنس میں سے ہی کوئی ہو گا۔

ہم جانتے ہیں کہ اِنسان کی ضروریات زندگی کو تکمیل کا راستہ فراہم کرنا معاشرتی قانونی نظام کی ذمہ داری ہے۔ جو نظام اِس ذمہ داری کو خاطر خواہ طور پر نبھا نہ سکے وہ یا تو غلط ہوتا ہے یا نامکمل، مکمل ترین نظام کی پہچان یہی ہے کہ اُس کی موجودگی میں تمام اِنسانی ضرورتوں کو تکمیل کے مثبت اور محفوظ راستے دستیاب ہوں یعنی برتری کی ضرورت سمیت دیگر ضروریاتِ زندگی کی خود کو فراہمی کیلئے اِنسان کو دولت کی احتیاج کے بغیر راستہ دستیاب ہو اور جنسی ضرورت کی آسودگی کیلئے اُسے مالی، ذہنی، جذباتی یا نفسیاتی دباؤ کا سامنا نہ ہو اور امراض یعنی انفیکشن اور ایڈز کا کوئی احتمال نہ ہو۔

دنیا بھر میں مروج کوئی بھی نظام معاشرت ان دو کسوٹیوں پر پورا نہیں اترتا۔

سوشلزم / کمیونزم میں سب سے بڑی حماقت یہ ہے کہ یہ نظام بنیادی طور پر اِنسان کی ہر قسم کی فرسٹریشن کو معاش تک محدود کر دیتا ہے اور نفسیاتی، جنسی اور اِس کے ضمن میں طبی ضرورت کے بارے میں کوئی قانونی لائحہ عمل طے نہیں کرتا۔ علاوہ ازیں غربت کے بارے میں بھی جو جابرانہ لائحہ عمل اِس میں مرتب ہے وہ بذات خود نفسیاتی پہلو سے اِنسان کیلئے زہر قاتل ہے کیونکہ وہ غیر منقولہ ذاتی ملکیت کی ہی نفی کر دیتا ہے یا اُسے بہت محدود کرتا ہے اور یوں اِنسان کو لاشعوری طور پر دل و جان سے کی جانے والی پر خلوص اور حتی المقدور زیادہ سے زیادہ محنت سے روک دیتا ہے کیونکہ اُس کیلئے ایسی محنت کا کوئی جذبہ محرکہ نہیں ہوتا چنانچہ یہ نظام عوام کی طرف سے ایسی پر خلوص محنت کیلئے محض ان کے

جذبہ ایثار و قربانی پر انحصار رکھنے پر مجبور ہو جاتا ہے اور یہ کسی بھی قانون کا بہت بڑا سقم ہوتا ہے کہ وہ اپنی بقا کیلئے تمام عوام کے اِخلاق و ایثار کی بلندیوں پر فائز ہونے اور پھر ان کے فرشتہ سیرت بنے رہنے کا محتاج ہو۔

مسائل کو غربت تک محدود سمجھ لینا ہرگز دانشمندی نہیں ہے جس کا ثبوت یہ ہے کہ ہمیں اپنے اِرد گرد بہت سے ایسے افراد بھی فرسٹریشن کے شکار دکھائی دے رہے ہیں جن کو دولت کی کوئی کمی نہیں ہے۔

جمہوریت یا آمریت کے تصورات سرے سے ہی سماجی نظام کا درجہ نہیں رکھتے، یہ تو صرف نظریات ہیں اور ایک زمین کی طرح ہیں جس پر سماجی نظام کی عمارت تعمیر کی جاتی ہے۔ اِن کی مثال کھانے کے برتن کی سی ہے، اصل کھانے کی نہیں۔ اصل کھانے کی مثال وہ معاشرتی قوانین ہیں جو نظام کے اندر کسی نظریئے مثلاً سیکولرازم، تھیوکریسی یا مطلق العنان مقننہ یا بادشاہت وغیرہ کے عنوان سے ترتیب دیئے جاتے ہیں۔ اگر قوانین غیر فطری ہوں، اگر کھانے میں زہر ملا ہوا ہو تو برتن بدل لینے سے یعنی جمہوریت یا آمریت کے نظریات کی جگہ بدل لینے سے معاشرتی ابتری میں کوئی فرق نہیں پڑے گا۔

اِس جائزے سے ہم اپنے ٹارگٹ کا تعین کر سکتے ہیں کہ درحقیقت ہمیں معاشرتی نظام کا سقم کہاں ڈھونڈنا ہے۔

اِنسانی عقل کی مکمل ترین اور بے عیب نظام معاشرت کو ترتیب نہ دے سکنے کی ایک وجہ یک طرفہ کارروائی ہے۔ جب ہمارا کوئی جینئیس نظام ترتیب دینے کی کوشش کرتا ہے تو مسائل کو صرف اُسی نظر سے دیکھتا ہے جس میں وہ خود ماہر ہوتا ہے۔ اِقتصادیات کا ماہر نظام ہائے روزگار، مارکیٹ میں قیمتوں کے اتار چڑھاؤ اور دولت کی تقسیم کے عمل کو بنیادی خرابی سمجھتا ہے۔ نفسیات اور طب کے ماہرین اپنے بڑوں کی تھیوریوں پر سچے دل

سے ایمان لا چکے ہیں اور انہی کے اندر رہتے ہوئے بنیادی خرابی تلاش کرنا چاہتے ہیں۔ سوشیالوجسٹ ابلاغ عامہ یعنی پراپیگنڈے کی ضرورت پر زور دیتا رہتا ہے۔ سائنس دان جدید سائنس اور طب سے عام آدمی کی ناواقفیت اور ترقی کی کمی یا زیادتی کی طرف پھسلتا ہے۔ سیاستدان ریاستی نظریہ انتخابات، طرزِ حکومت اور الیکشن کے دھاندلی والے ہتھکنڈوں کو تمام تر خرابیوں کی بنیاد قرار دینے لگتا ہے۔ غرض ہر جینئیس صرف اُسی میدان میں تمام مسائل کا حل ڈھونڈنا چاہتا ہے جس میں وہ خود ماہر ہوتا ہے۔ اِس کی سب سے اچھی مثال سوشلزم ہے۔ کارل مارکس سے یہی بنیادی غلطی ہوئی کہ اُس نے تمام مسائل کا سبب دولت کا اِستعمال نہیں بلکہ اِس کی تقسیم کا عمل سمجھا۔

معاشرتی نظام کو بے عیب بنانے کا طریقہ یہ ہونا چاہیے تھا کہ ہم بیک وقت سبھی اِنسانی ضروریات کو مد نظر رکھتے جبکہ ہم اِن ضروریات کا تعین ہی نہیں کر سکے چنانچہ ہم نے یہ وطیرہ اپنایا کہ جس میدان کا مسئلہ سر ابھارتا، صرف اُسی سے متعلقہ قوانین کیلئے ہاتھ پاؤں مارنے لگتے اور زندگی کے دیگر پہلوؤں کو نظر انداز کر دیتے۔ ہم یہ حقیقت بھول جاتے کہ تمام اِنسانی ضروریات ایک دوسری میں گویا پیوست ہیں اور کوئی بھی قانون بناتے وقت ہم زندگی کے دوسرے پہلوؤں سے صرف نظر نہیں کر سکتے تاکہ کسی دوسری بنیاد کو زد نہ پہنچے۔

آج ہوتا یہ ہے کہ جب کوئی معاشی مسئلہ سر ابھارتا ہے تو ہم اُس کا نفسیاتی پہلو سمجھے بغیر معاشی قوانین میں ترمیم یا اضافہ وغیرہ کرنے لگتے ہیں جس کے نتیجے میں کوئی سماجی الجھن نمودار ہوتی ہے۔ اُس کے حل کیلئے مزید قوانین بناتے ہیں اور تب امن و امان یا عائلت کا مسئلہ ابھر آتا ہے۔ اِسی طرح سلسلہ چلتا رہتا ہے اور اِس کے نتیجے میں جرائم، بدعنوانی اور دیگر سماجی برائیوں میں اضافہ ہوتا رہتا ہے۔ تب ہم جھنجھلا کر سزائیں شدید

اور سخت کرنا شروع کر دیتے ہیں مگر اِس سے جرائم کی شرح میں کیا کمی ہوتی، الٹا ہوسِ زر اور آپا دھاپی زور پکڑنے لگتی ہیں۔ اِس ساری خرابی کی وجہ یہ ہے کہ ہم نظام ترتیب دیتے وقت اِنسان کی تمام ضروریات کو بیک وقت مد نظر نہیں رکھتے۔

یکے بعد دیگرے قوانین پر قوانین بنانے کے باوجود ہم تاریکی میں رہتے ہیں تو ہمارے پاس سزاؤں کو شدید اور سخت کرنے کے سوا کوئی چارہ نہیں رہتا اور یہ ہماری عقلی بے بسی کا اعتراف ہے۔ اگر ہم معاشرتی نظام کو مرتب کرتے وقت پہلے ہی یہ فیصلہ کر لیتے کہ ہر قانون کو ترتیب دیتے ہوئے اس کے تمام ممکنہ Side Effects کا حل فراہم کیے بغیر اسے معاشرے میں نافذ ہی نہیں کیا جا سکتا تو یقیناً چھوٹے چھوٹے قوانین یکے بعد دیگرے جنم دینے کی ضرورت ہی پیش نہ آتی اور ایک ہی جامع نظام کی تشکیل پر ہماری توجہ مرکوز ہو جاتی۔

یہ بھی ہو سکتا ہے کہ ماضی میں کبھی ان خطوط پر بھی کوشش ہوئی ہو کہ معاشرتی نظام میں ایک ایسا قانونی باب تخلیق ہو جائے جو اِنسان کی تمام تشنگی کے ہر پہلو سے سیر اب ہونے کا راستہ مہیا کر سکے مگر یہ کوشش بھی ناکام رہی جیسا کہ آج کے حالات سے ظاہر ہے۔ اِس کی وجہ صرف ایک ہی ہو سکتی ہے اور وہ یہ کہ قانون ترتیب دینے والے لوگ اِنسان کی بنیادی ضروریات اور حقوق کو سمجھ ہی نہیں سکے۔ یہی سوچ کر اِس تحریر میں سب سے پہلے اِنسانی ضروریات کا نفسیاتی مشاہدہ کیا جا رہا ہے اور اِس کے نتیجے میں کچھ ایسے حیران کن نتائج سامنے آئے ہیں جو شخصی آزادی، بنیادی حقوق اور اِنسان کی جنسی ضرورت کے بارے میں جدید علوم کے مروجہ تصورات کو ہی غلط ثابت کر رہے ہیں۔

اِس عمل کے بعد اُس معاشرتی نظام کو ترتیب دیا گیا ہے جس کے بارے میں ہمیں پورا یقین ہے کہ اِس کی موجودگی میں کسی بھی فطری اِنسانی بنیادی ضرورت کو تکمیل

کا مثبت اور محفوظ راستہ بند نہیں مل سکتا۔ اِس یقین کا ثبوت وہ تجویز ہے جس پر اِس قانون کا ڈھانچہ مرتب ہے، اور وہ تجویز یہ ہے کہ یہ قانون کسی فرد کو بھی صرف اپنے تحت چلنے پر مجبور یا پابند نہیں کرتا بلکہ یہ آئین کی دستاویز میں ایک اضافی باب کی حیثیت رکھتا ہے۔ گویا ہم یوں کہہ سکتے ہیں کہ اگر کوئی فرد اِس قانون سے جزوی یا کلی طور پر متفق نہ ہو یا کسی ایک شعبہ زندگی میں اِس قانون کی اپنے لیے Application مناسب نہ سمجھے تو اُسے پورا حق اور اِختیار ہے کہ وہ کسی دوسرے متبادل نظام کے مطابق اپنی پوری زندگی یا کسی بھی شعبہ زندگی کی ترتیب وضع کر سکتا ہے۔ یوں نہ صرف کسی بھی فرد کیلئے اِس قانون سے اختلاف یا اعتراض کی بنیاد بھی ختم ہو رہی ہے بلکہ اِنسانی حقوق کی اساس کے مطابق ہر فرد کیلئے اپنی زندگی کا انداز ترتیب دینے کیلئے اپنی مرضی کے قانونی باب کو جزوی یا کلی طور پر منتخب کرنے یا اُسے چھوڑ دینے کی ہر وقت آزادی بھی میسر رہتی ہے۔۔۔ اور ظاہر ہے کہ یہ قانونی فراخدلی کی آخری حد ہے۔

آیئے اب اِس قانون کو ترتیب دینے کے عمل کا آغاز کریں۔

***

قانون کے خط و خال

جیسا کہ ہم سمجھ چکے ہیں کہ ایک جامع قانون مرتب کرنے کیلئے اِنسان کی بنیادی ضرورتوں کی نوعیت کو سمجھنا لازم ہے۔ ہم یہ بھی دیکھ چکے ہیں کہ آج کی جدید تعلیمات کی روشنی میں اِنسانی حقوق اور جنس وغیرہ کے جو تصورات اِنسانی ذہن پر ثبت ہوتے ہیں انہیں بنیاد بنا کر ترتیب دیئے گئے معاشرتی نظاموں نے جرائم میں کمی کی بجائے اضافہ ہی کیا ہے۔ اِس کا مطلب یہ ہے کہ ہمیں پہلے اِنسانی حقوق اور جنس کے ضمن میں اپنے ان خود ساختہ تصورات کا اپنڈکس نکالنا ہو گا جو ہم اِنسانی ضرورت کی نوعیت کے بارے میں سمجھے بیٹھے ہیں۔ ہمیں جرم کی نہیں بلکہ محرکات کی تفتیش سے ابتدا کرنی ہو گی۔

ہم دیکھ چکے ہیں کہ دنیا بھر میں ہونے والے تمام جرائم اور ہر قسم کی سماجی برائیوں کے محرکات صرف دو عوامل ہیں، برتری کی طلب اور جنسی تشنگی۔ کوئی بھی فرسٹریشن خواہ وہ اِنفرادی ہو یا اِجتماعی، انہی دو عوامل میں سے کسی کے ضمن میں آتی ہے۔ یہی دو اِنسانی ضروریات ایسی ہیں جو تعیش، نمود و نمائش، اِختیارات اور عہدہ، شہرت یا نفسیاتی یا جنسی بیماریوں اور جرائم کی صورت میں اپنا ردعمل ظاہر کرتی ہیں لہٰذا ہم کہہ سکتے ہیں کہ اگر انہی دو عوامل یعنی برتری کی طلب اور جنسی تشنگی کو تکمیل کا مثبت اور محفوظ راستہ مل جائے تو جسمانی تحفظ کی ضرورت خود بخود مسائل کے دائرے سے باہر ہو جائے گی۔ اب ہم ان دونوں عوامل کا باری باری گہرائی سے جائزہ لیں گے۔

پہلا عامل۔۔۔ برتری یا افضلیت کی طلب ہم جان چکے ہیں کہ برتری کی خواہش

اِنسان کی وہ ضرورت ہے جو جسمانی تحفظ کی ضرورت یعنی غذا، لباس، رہائش وغیرہ کی نوعیت پر اثر انداز ہوتی ہے اور اِنسان دوسری ضرورت یعنی جسمانی تحفظ کی ضرورت کی تکمیل کیلئے وہی انداز اِختیار کرنے کی کوشش کرتا ہے جس کے ذریعے اُس کی دیگر اِنسانوں پر اِمتیازی حیثیت یا افضلیت ثابت ہوتی ہو۔ غذا، لباس اور دیگر رہن سہن میں پر تعیش اور قیمتی کے انتخاب کی وجہ یہی برتری کی طلب ہے۔

آج کے تمام معاشروں میں اِجتماعی و اِنفرادی، ہر طرح سے برتری کی پہچان دولت کی ملکیتی مقدار ہے۔ اِس کا اِجتماعی قومی اظہار سائنسی یا فوجی قوت کے زور پر اور اِنفرادی اِظہار سامانِ تعیش اور نمود و نمائش کے ذریعے ہوتا ہے۔ اِس کی وجہ سے ہمیں یہ غلط فہمی ہونے لگتی ہے کہ دولت کا حصول اِنسان کی ضرورت ہے۔ یہی وجہ ہے کہ سب سے اعلیٰ اور برتر معاشرہ اُسے سمجھا جاتا ہے جہاں فی کس آمدنی کی شرح دوسروں سے زیادہ ہو جبکہ حقیقت یہ ہے کہ اِنسان کی اصل ضرورت اپنی افضلیت اور برتری تسلیم کرانا ہے اور دولت مندی کی حیثیت اِس ضرورت کی تکمیل کیلئے اکلوتے دستیاب راستے کی ہے۔ دولت بذاتِ خود کوئی ضرورت نہیں ہے بلکہ بنیادی ضرورت کی تکمیل کیلئے اکلوتے راستے پر اجارہ داری کی وجہ سے ہر کسی کی مرکز نگاہ بنی ہوئی ہے اور در حقیقت اِنسان کی الجھن کا باعث اُس کی ملکیتی دولت کی کمی نہیں بلکہ معاشرے میں اُس دولت کی اجارہ داری ہے لہٰذا ہمارا ٹارگٹ سوشلزم کی طرح ملکیت کے حق کو ختم کرنا نہیں بلکہ دولت کی اُس اجارہ داری کو ختم کرنا ہے۔ اِس مقصد کیلئے آیئے ہم ان تصورات کے تجزیئے سے ابتدا کریں جو یہ غلط فہمی پیدا کرتے ہیں۔ انہی میں سے ایک معاشرے کی فی کس آمدنی کا تصور ہے۔

اِنسان اپنی ضروریات پوری کرنے کیلئے دو طریقوں سے دولت حاصل کرتا ہے، اپنی خدمات کے عوض یا سرمایہ کاری سے منافع حاصل کر کے۔ دونوں صورتوں میں

بنیادی مقصد دولت حاصل کرنا نہیں بلکہ برتری کی طلب سمیت تینوں فطری ضروریات کو پورا کرنا ہے۔ دونوں طریقوں سے یعنی اُجرت یا منافع سے حاصل شدہ دولت آمدن کہلاتی ہے اور اِس کے مجموعے کا اوسط نکال کر ہم کسی معاشرے کی فی کس آمدنی کا تعین کرتے ہیں۔ ہم اِسے برتری کی علامت سمجھنے کے اِس حد تک عادی ہو چکے ہیں کہ الیکشن کے وقت انتخابی منشوروں تک میں اِس کو مرکزی جگہ دیتے ہیں اور یہ کہنا غلط نہ ہو گا کہ فی کس آمدنی کے اعداد و شمار کی بنیاد پر الیکشن جیتتے اور ہارتے ہیں حالانکہ ہمیں سمجھنا چاہیے کہ فی کس اوسط آمدنی میں کمی یا اضافے سے ضروریاتِ زندگی، اِنفرادی برتری کی طلب اور طبقاتی درجہ بندی کی فرسٹریشن کے باعث ہونے والے جرائم اور سماجی برائیوں کا کوئی تعلق ہی نہیں ہوتا۔ یہ بات شاید وضاحت کے بغیر سمجھ میں نہ آئے، اِس لیے وضاحت پیش خدمت ہے۔

جب کوئی فرد دوسروں پر یعنی اپنے عزیز و اقارب اور شناساؤں دوستوں وغیرہ پر اپنی برتری ثابت کرنے کیلئے دولت کے حصول کی جدوجہد کرتا ہے تو اگر وہ کامیاب ہو جائے اور اُس کی آمدن میں خاطر خواہ اضافہ ہو جائے جس کا وہ معاشرے میں دکھاوا کر لے تو یقیناً ایک دفعہ تو اُسے تسکین محسوس ہو جائے گی اور اُسے ان لوگوں پر اپنی برتری کا احساس ہو جائے گا جو اُس کے مدنظر ہیں، مگر یہ سب کچھ بہت تھوڑی دیر کیلئے ہو گا اور کچھ ہی مدت کے بعد وہ لوگ جن پر وہ اپنی برتری ثابت کر چکا ہے، اُس کے مدنظر نہیں رہیں گے بلکہ اُس کی توجہ کا مرکز وہ لوگ ہو جائیں گے جو کہ اب اُس کی اِنکم بریکٹ میں ہیں یعنی دولت اور گلیمر کے توازن میں اُس کے ہم پلہ ہیں۔ اب وہ اُن اِنکم بریکٹ کے افراد پر اپنی برتری ثابت کرنے کیلئے فرسٹریٹڈ ہونے لگے گا جبکہ دوسری طرف احساسِ کمتری میں مبتلا وہ لوگ ہوں گے جن پر وہ اپنی افضلیت ثابت کر کے انہیں مزید فرسٹریشن کا شکار بنا چکا

ہے۔

اِس مثال سے ہم سمجھ سکتے ہیں کہ فی کس آمدنی میں اضافے سے اِنسانوں کی مجموعی فرسٹریشن اور سماجی برائیوں یا جرائم کی شرح میں اضافہ تو ہو سکتا ہے، کمی نہیں ہو سکتی۔

اگر اِس مثال سے پوری طرح وضاحت نہ ہو سکی ہو تو ایک اور مثال سے مزید وضاحت ہو جائے گی۔

فرض کیجیے کسی غریب معاشرے کے تمام افراد کو فی کس ایک کلو سونا مل جائے تو بتائیے کہ کیا دولت کی کمی کی وجہ سے پیدا ہونے والی فرسٹریشن ختم ہو جائے گی؟۔۔۔ جہاں تک ہم سمجھتے ہیں، یہ فرسٹریشن ختم ہونے کی بجائے مزید بڑھ جائے گی کیونکہ آج کے معاشروں میں برتری کا اِنحصار زیادہ ملکیتی دولت کی موجودگی یا عدم موجودگی پر نہیں بلکہ دولت مندی کی دوسروں سے بڑھ کر نمائش اور اِظہار پر ہے۔ اگر معاشرے کے ہر فرد کو معلوم ہے کہ جتنی دولت خود اُسے ملی ہے اتنی ہی مقدار میں دوسرے افراد کو بھی ملی ہے تو فی کس آمدن بڑھ جانے اور سب کا معیارِ زندگی قدرے پر تعیش ہو جانے کے باوجود اِنفرادی برتری کی طلب پوری نہیں ہو گی، فرسٹریشن میں کوئی کمی نہیں ہو گی، دولت مندی میں دوسروں سے بڑھنے کی ہوس برقرار رہے گی اور سماجی برائیاں اور جرائم جنم لیتے رہیں گے۔

اِس جائزے کا حتمی نتیجہ یہ نکلا کہ فی کس آمدنی یعنی دولت مندی کے حجم میں اضافہ مسائل کا حل قطعی نہیں ہے جس کیلیئے ہم جنونی ہوئے جا رہے ہیں۔ رہی یہ بات کہ دنیا بھر کے سیاستدان فی کس آمدنی میں کمی کو فرسٹریشن کا سبب کیوں کہتے ہیں؟۔۔۔ تو ظاہر ہے کہ اِس کی وجہ ان کی سیاست ہے۔ انہیں ووٹ حاصل کرنے کیلیئے کسی منفی سہارے کی ضرورت ہے اگر وہ محض اِخلاقیات اور اقدار کو ہی بنیاد بنا کر ووٹ حاصل کرنا چاہیں تو یہ

صورت حال ان کے ایسے خود غرضانہ مقاصد کو ہی زندہ نہیں رہنے دیتی جن کی خاطر وہ سیاست کو اپنا کاروبار بنائے ہوتے ہیں۔

اب ہم اِس نتیجے پر پہنچے ہیں کہ فی کس آمدنی میں اضافے کے باوجود کسی معاشرے کے افراد میں اِنفرادی برتری کی طلب، فرسٹریشن اور جرائم تو ویسے ہی رہتے ہیں البتہ اِجتماعی برتری کو قدرے تسکین پہنچ سکتی ہے لیکن وہ بھی اِس صورت میں جب وہ اضافہ صرف اسی معاشرے میں ہوا ہو۔ اگر دیگر معاشروں میں بھی جو اُس کے ساتھ مسابقت کی دوڑ میں شریک ہیں، یہی اضافہ ہو جائے تو اِس اضافے سے اُس اِجتماعی ضرورت کو بھی رتی برابر تسکین نہیں ملے گی۔ اِس سے یہ سمجھ لینا کچھ دشوار نہیں کہ ہمارے جو مخلص ماہرینِ معاشیات و سیاسیات بھی دولت مندی اور آمدن کے دائرے سے باہر نکلنا نہیں چاہتے، انہیں ابھی تک اِنسانی ضرورت کی حقیقت کا اِدراک نہیں ہے۔

ہم سمجھ چکے ہیں کہ معاشرے میں افراد کی ملکیتی دولت کی مقدار میں اضافہ یا کمی کا جرائم سے کوئی تعلق نہیں ہے لہٰذا اب ہمیں یہ دیکھنا ہے کہ ہم اِس پراپیگنڈے سے اثر کیوں لیتے ہیں اور وہ کونسی وجوہات ہیں جن کی بنیاد پر دولت مندی کا اِظہار معاشرے میں افضلیت اور برتری کی پہچان کے طور پر اجارہ داری حاصل کر چکا ہے۔

جب کوئی شخص اِس بنیادی ضرورت یعنی برتری کی طلب کو پورا کرنا چاہتا ہے تو وہ لا محالہ کسی ایسی چیز کی جستجو کرتا ہے جو اُس کے پاس اتنی مقدار میں ہو جائے کہ اتنی مقدار میں اُن دوسرے افراد کے پاس نہ ہو جن پر وہ اپنی برتری ثابت کرنا چاہتا ہے۔ فطرت کا تقاضا ہے کہ یہ چیز ایسی ہونی چاہیے جو کسی سے چھینی یا خریدی نہ جا سکتی ہو تاکہ اُسے حاصل کرنے کی مسابقت میں جرم وقوع پذیر نہ ہو لیکن جدید سائنس اور ترقی نے Luxuries کے نام سے ایسی بہت سی چیزیں فراہم کر دی ہیں کہ دولت مند کو خود کو برتر تسلیم کرانے

کیلئے کسی انوکھے سہارے کو تلاش کرنے کی ضرورت ہی نہیں رہی اور وہ بڑی آسانی سے اپنا طرز زندگی پر تعیش کر کے کم آمدنی والے لوگوں پر اپنی افضلیت ثابت کرتے ہوئے اُنہیں فرسٹریشن میں مبتلا کر دیتا ہے کیونکہ دولت ایسی چیز نہیں ہے جسے ہر کسی کیلئے ہر وقت لامحدود مقدار میں اِس طرح حاصل کر لینا ممکن ہو کہ اِس سے کسی دوسرے فرد کی دولت میں کمی واقع نہ ہونے پائے چنانچہ دولت کے معیارِ عزت بن جانے سے غریب آدمی کی فرسٹریشن میں اضافہ ہونے لگتا ہے۔ لیبر ڈیمانڈ اور ہڑتالوں وغیرہ کی صورت حال اِسی کے ردِ عمل کا ایک منظر ہے۔

بادئ النظر میں اِس کا حل یہی محسوس ہوتا ہے کہ اگر کسی معاشرے میں دولت مند اور غریب آدمی کا طرزِ زندگی کسی قانون کے نتیجے میں ایک جیسا ہو جائے تو تعیش اور دکھاوے کی بنیاد پر، یا یوں کہہ سکتے ہیں کہ دولت مندی کی نمائش کی بنیاد پر ابھرنے والی فرسٹریشن ختم ہو جائے گی۔

یہی وہ نکتہ ہے جہاں اِنسانی عقل ماؤف ہونے لگتی ہے اور ہمارے جینیئس کو سوشلزم، کمیونزم یا اِس سے ملتے جلتے کسی نظام کے سوا کوئی راستہ دکھائی نہیں دیتا جبکہ ہم جانتے ہیں کہ کمیونزم کی بنیاد جبر اور زبردستی پر ہے اور جبر ایک غیر فطری عمل ہے۔

ہم جانتے ہیں کہ ہمارا مقصد شخصی آزادی اور بنیادی اِنسانی حقوق کے تحفظ کو قائم رکھنا ہے اور اِس دائرے کے اندر رہتے ہوئے سٹیٹس کامپلیکس ختم کر دینے والا ایک جامع نظام مرتب کرنا ہے، ایک ایسا نظام جو جبر کی بجائے ترغیبPersuasion کے اصول پر مبنی ہو یعنی اِس میں دولت مند کو اپنا معیارِ زندگی غریب آدمی کے مساوی بنالینے میں بہت بڑا فائدہ تو دکھائی دے لیکن اُس کو بہر حال اِس امر پر یوں قانوناً مجبور نہ کیا جا سکے جس طرح کمیونزم میں کیا جاتا ہے۔ ہمیں اِس نظام میں برتری کی ضرورت کو تکمیل کا

ایسا راستہ فراہم کرنا ہے جو دولت کے اِمتیاز کے بغیر ہر وقت ہر شخص کے بس اور اِختیار میں ہو اور جسے اِختیار کرنے، کیے رکھنے اور چھوڑ دینے کی ہر وقت ہر کسی کیلئے آزادی ہو۔ ۔۔ اور یہ کہنے کی ضرورت نہیں ہے کہ کمیونزم اِس معیار پر ہر گز پورا نہیں اترتا۔ ہمیں ایک ایسا قانون اِنسانیت کو فراہم کرنا ہے جس کی موجودگی میں مفاد پرستانہ قوانین نافذ ہونے کے باوجود یوں بے حیثیت ہو جائیں جیسے ٹھنڈے میٹھے پاکیزہ مشروب کی وافر موجودگی میں غلیظ اور آلودہ پینے کا پانی بے وقعت ہو جاتا ہے۔ در حقیقت ہمیں ہر شخص کی اُن فطری اِخلاقی خصوصیات Moral Values کو مارکیٹ میں قانونی طور پر مادی قدرو قیمت Commercial Value حاصل کرنے کا راستہ دینا ہے جن میں لا محدود کمی یا اضافہ ہر وقت ہر شخص کے بس میں ہے اور جو کسی دوسرے فرد سے چھینی یا خریدی نہیں جا سکتیں یعنی سچائی، نیک نامی، ہمدردی، خوش اِخلاقی، پارسائی، دیانت داری، سادگی وغیرہ۔

اِس مقصد میں پہلی اور آخری رکاوٹ دولت کی اجارہ داری ہے اور اگر ہمیں کسی جامع قانون کو بنانے کا مشن پورا کرنا ہے تو سب سے پہلے ہمیں معاشرے میں دولت کی اِس اجارہ داری کی حیثیت اور اِس کا فنکشن سمجھنا ہو گا۔

اِنسان دولت اِس لیے کماتا ہے کہ وہ اپنی فطری ضروریات کو پورا کر سکے۔ ان ضروریات میں رہن سہن، علاج معالجہ اور اِن پر اثر انداز ہوتی ہوئی آرزوئے افضلیت یعنی برتری کی طلب شامل ہے۔ اپنی کمائی ہوئی دولت سے وہ اِن ضروریات کو پورا کرنے کی کوشش کرتا ہے۔ دنیا میں شاید ہی کچھ لوگ ایسے ہوں گے جن کی کمائی ہوئی دولت اُن کی برتری کی طلب کو آخری حد تک اور ہمیشہ کیلئے پورا کر دے۔ اگرچہ فرسٹریشن سے وہ بھی نہیں بچ سکے مگر اُن کی فرسٹریشن کی بنیاد دولت کی کمی نہیں ہوتی بلکہ اُس کا سبب کچھ اور

ہے جس پر جنسی ضرورت کے ضمن میں گفتگو ہو گی۔

دنیا میں ننانوے فیصد سے زیادہ لوگ ایسے ہیں جن میں دولت کی طلب موجود ہے۔ اِس کا مطلب یہ ہے کہ اُن کی موجودہ ملکیتی دولت اُن کی ضروریات کی تکمیل کیلئے کافی نہیں ہے۔ اِس نقطہ نظر پر آپ یہ اعتراض کر سکتے ہیں کہ بہت سے لوگ عیاشی کیلئے دولت کی طلب رکھتے ہیں۔۔۔ تو جواب صرف یہ ہے کہ اِس ضمن میں کسی دوسرے کی طرف دیکھنے کی بجائے صرف اپنے آپ کو دیکھئے۔ ہو سکتا ہے کہ جس چیز کو آپ دوسرے شخص کی عیاشی قرار دے رہے ہیں وہ نظام قارونیت کے باعث اُس کی ضرورت بن چکی ہو، بالکل اسی طرح کہ جس چیز کو آپ اپنی ضرورت سمجھ رہے ہیں وہ کسی تیسرے شخص کے خیال میں آپ کی عیاشی ہے۔ مثال کے طور پر جس طرح آپ کے خیال میں کسی عرب یا امریکی ارب پتی کی چمکیلی رولز رائس لیموزین گاڑی اُس کی عیاشی ہے، بالکل اسی طرح ایتھوپیا کے قحط زدہ باشندے کی رائے میں آپ کی بائیسکل آپ کی عیاشی ہے۔

اِنسان جب معاشی جدوجہد کرتا ہے تو اِس کے عوض دولت حاصل کرتا ہے، پھر اِس کے بعد وہ اِس دولت کے عوض اپنی ضروریات کو پورا کرتا ہے۔ گویا دولت کی حیثیت اِنسان کی جدوجہد اور کفالتی تحفظ کے درمیان ایک رابطہ کی سی ہے اور اِنسان کے پاس ایسا کوئی راستہ نہیں ہے جس کے مطابق وہ اپنی جدوجہد اور کفالت کے درمیان اِس رابطے کا محتاج نہ ہو۔

یہی درمیانی رابطہ وہ چیز ہے جسے ہم دولت کی اجارہ داری کا نام دیتے ہیں اور یہی اجارہ داری وہ اُلجھن ہے جو ہمیں گوناگوں مسائل میں اُلجھا رہی ہے۔ اگر ہم دولت کے اِس درمیانی رابطے کو اِنسان کی جدوجہد اور ضروریات کی تکمیل کے درمیان میں سے نکال باہر کریں تو ظاہر ہے کہ دولت کی یہ اجارہ داری بے وقعت، بے وجود ہو جائے گی اور نہ ہی

وہ مسائل رہیں گے جو اِس اجارہ داری کے نتیجے میں اِنسانیت کو بھگتنا پڑ رہے ہیں۔

یہ مقصد تبھی پورا ہو سکتا ہے جب ہر اِنسان کو اپنی جد و جہد کے بدلے میں دولت کی کسی متعینہ مقدار کو درمیان میں لائے بغیر مکمل ضروریاتِ زندگی براہِ راست فراہم ہو سکتی ہوں۔ گویا ہمیں ایک ایسا معاشی نظام ترتیب دینا ہو گا کہ اگر کوئی شخص اپنی محنت کے بدلے میں دولت کی کسی متعین مقدار کی بجائے مکمل کفالتی تحفظ حاصل کرنا چاہے تو اُسے اِس کا قانونی راستہ دستیاب ہو۔

جب کوئی معاشی نظام ترتیب دیا جاتا ہے تو اس کا محور معاہدۂ روزگار ہوتا ہے۔ اگرچہ یہ صحیح ہے کہ معاشرے میں چند افراد ایسے بھی ہوتے ہیں جو نہ تو آجر Employer ہوتے ہیں اور نہ ہی اجیر Employee مگر چونکہ ان کی تعداد اتنی کم ہوتی ہے کہ وہ معاشرے کی مجموعی بناوٹ اور ہیئت پر اثر انداز نہیں ہو سکتے اِس لیے انہیں معاشی نظام سے باہر تصور کر لیا جاتا ہے اور یہ سیدھی سی بات ہے کہ جس فرد کا کسی دوسرے فرد کے ساتھ معاشی اِنحصار یعنی اُجرت کا کوئی تعلق ہی نہیں ہے اُسے ہم لیبر ایکٹ میں کیا حیثیت دے سکتے ہیں؟ (یہاں یہ ذکر کرنا بہتر ہو گا کہ اِس کتاب میں جس لیبر ایکٹ کو ہم مرتب کرنے جا رہے ہیں وہ اِس قدر وسیع ہے کہ معاشرے کا ہر فرد اِس کا کوئی نہ کوئی فریق بنتا ہوا نظر آ جائے گا اور اِس کی وضاحت جنس پر گفتگو کے دوران سامنے آئے گی۔)

اب ہم اِس نتیجے پر پہنچ چکے ہیں کہ ہمیں ایک ایسا نظام روزگار مرتب کرنا ہے جس کے مطابق آجر کی جانب سے اجیر کو اُجرت کی صورت میں کسی مقررہ رقم کی بجائے تمام ضروریاتِ زندگی کی مکمل فراہمی کی اجازت ہو۔۔ اور ظاہر ہے کہ روزگار کا یہ تصور ایک معاہدے کی مانند ہی ہو سکتا ہے لہٰذا اِس کا مطلب یہ ہوا کہ لیبر ایکٹ کے مطابق ایسا

معاہدہ کرنے کی قانوناً اجازت ہو جس کے مطابق آجر نے اجیر کو اُس کی خدمات کے بدلے میں اُجرت کی رقم کی بجائے مکمل کفالتی تحفظ فراہم کرنا ہو۔

یہ تصور غیر واضح اور نامکمل ہے کیونکہ جب تک کفالتی تحفظ فراہم کرنے کیلئے کوئی معیار مقرر نہ کر دیا جائے، اِس لفظ کا مفہوم واضح نہیں ہوتا اور نہ ہی اِس کی کوئی افادیت تسلیم کی جا سکتی ہے۔۔۔ اور کفالتی تحفظ کا معیار مقرر کرنے کیلئے لازم ہے کہ پہلے ہم اجیر کی ضروریات کا تعین کریں۔

ہم اِس نتیجے پر پہلے ہی پہنچ چکے ہیں کہ غذا، لباس اور رہائش ایسی ضروریات نہیں ہیں جو بذاتِ خود بہت زیادہ دولت کی محتاج ہوں۔ ان کو دولت کی محتاج بنانے والی چیز برتری کی طلب ہے۔ اِسی کو ہم نے سٹیٹس کا نام دے رکھا ہے اور یہی Status Complex سماجی برائیوں کو پنپنے کا موقع دیتا ہے اور اِنسان کو اپنے رہن سہن پر زیادہ سے زیادہ دولت خرچ کرنے پر اکساتا ہے۔ اِس کا مطلب ہے کہ کفالتی تحفظ کے معیار کیلئے ہمیں اِسی طبقاتی اِمتیاز کو مد نظر رکھنا ہو گا ورنہ یہ تو ہم سب بخوبی جانتے ہیں کہ محض گھٹیا غذا، بدصورت سستا لباس، تھرڈ کلاس علاج معالجہ اور بیکار سی رہائش اپنے ورکرز کیلئے فراہم کر دینا کسی بھی آجر کیلئے کوئی مسئلہ نہیں ہے۔

برتری کی طلب کا جائزہ لیتے ہوئے ہم سمجھ چکے ہیں کہ Status Complex کا باعث ملکیتی دولت کی کم یا زیادہ مقدار نہیں بلکہ اُس دولت کا اِستعمال یعنی آجر اور اجیر کے طرزِ زندگی میں فرق ہے۔ یہی فرق اجیر کو فرسٹریشن کا شکار بناتا ہے۔ گویا ہم اِس نتیجے پر پہنچتے ہیں کہ ہم کفالتی تحفظ کا معیار مقرر کرتے وقت آجر کو خواہ کتنا ہی قیمتی تحفظ فراہم کرنے کا مطالبہ کیوں نہ کریں، برتری کی طلب پر پیدا ہونے والی فرسٹریشن اُس وقت تک برقرار رہے گی جب تک آجر اور اجیر کے طرزِ زندگی میں فرق موجود ہے لہٰذا ہمیں اگر

کفالتی تحفظ کے تصور کو فول پروف بنانا ہے تو طرز زندگی کے اِس فرق کو مٹانا ہو گا اور یہ فرق ختم کرنے کا واحد طریقہ یہ ہے کہ اجیر کو فراہم کیے جانے والے کفالتی تحفظ کے معیار کیلئے خود آجر کی ذات متعین کر دی جائے۔ اِس کا مطلب یہ ہے کہ آجر اپنے اجیر کو اُجرت کے طور پر وہی معیارِ زندگی یعنی زندگی کی وہی تمام سہولتیں، اُسی مقدار میں فراہم کرے جو خود وہ اپنے تصرف میں رکھتا ہے اور اِس کفالت کے معیار کا دائرہ زندگی کے ہر پہلو یعنی خوراک، لباس، رہائش، علاج معالجہ، تعلیم، تفریح، تقریبات، غرض ہر پہلو پر محیط ہو۔

چونکہ ہمارے نظام کا بنیادی تصور شخصی آزادی اور اِنسانی حقوق پر اُستوار ہے لہٰذا ہم کسی بھی فرد کو خواہ وہ آجر ہو یا اجیر، اِس مجوزہ معاہدے کو اِختیار کرنے پر مجبور نہیں کر سکتے چنانچہ ہمیں دونوں راستے کھلے رکھنا ہوں گے یعنی ہر دو فریق اگر چاہیں تو اُجرت کی مقررہ رقم کی صورت میں ادائیگی کا معاہدہ کریں اور اگر چاہیں تو باہمی رضامندی سے اُجرت میں رقم کی بجائے آجر کی طرف سے اجیر کو مساویانہ کفالتی تحفظ کی فراہمی کا معاہدہ کریں۔ اِس دوسرے معاہدے میں البتہ یہ پابندی ہو کہ آجر اپنے اجیر کو وہی معیارِ زندگی فراہم کرے گا جسے وہ خود اِختیار کیے ہوئے ہے، تاکہ اجیر کو طبقاتی اِمتیاز کا سامنا نہ کرنا پڑے۔

یہاں سوال یہ پیدا ہوتا ہے کہ جب آجر کو دونوں قانونی تصورات میں سے کسی ایک کو اِختیار کرنے یا کیے رکھنے پر مجبور نہیں کیا جا سکتا اور اُسے معاہدۂ روزگار کے کسی بھی تصور کو اِختیار کرنے کی ہر وقت آزادی ہے تو بھلا اُسے کیا پڑی ہے کہ وہ رقم کی صورت میں اُجرت کی ادائیگی کا آسان راستہ چھوڑ کر مساویانہ کفالت کی فراہمی کا کٹھن راستہ اِختیار کرے؟ ظاہر ہے کہ اُسے اپنے اجیر کی سماجی، نفسیاتی، تعلیمی، تفریحی یا طبی

فلاح وبہبود سے کوئی خاص دلچسپی نہیں ہے۔ اگرچہ یہ بھی اپنی جگہ ایک حقیقت ہے کہ اِس تصورِ معاہدہ کو اِختیار کر لینے کے بعد اُسے اپنی لیبر پر اٹھنے والے اخراجات کو، خود اپنے طرزِ زندگی کو حسب ضرورت سادہ کرتے ہوئے جب چاہے اور جتنا چاہے کم کرنے کا فارمولا ہاتھ آ جائے گا اور اُس کیلئے لیبر ڈیمانڈ، بونس، انشورنس، گریجویٹی، پنشن، ہڑتال وغیرہ کا قضیہ ہی ختم ہو جائے گا اور یوں اخراجات پیداوار کو حسب منشا کم کرنے کی صلاحیت مل جانے کے بعد اُس کیلئے کاروباری نقصان کا اندیشہ معدوم ہو جائے گا مگر اِس کے باوجود یہ کوئی ایسا بھرپور لالچ نہیں ہے جس کی خاطر وہ دل پر جبر کر کے اپنے ملازم کو فراہم کیے جانے والے کفالتی تحفظ کا معیار خود بھی اِختیار کرنے کا فیصلہ کرے۔ وہ یقیناً اُجرت میں رقم کی ادائیگی کا نظام ہی اپنے لیے بہتر سمجھے گا اور یوں اجیر کیلئے طبقاتی اِمتیاز اور فرسٹریشن سے نجات کا ہمارا مقصد بالکل ہی ختم ہو جائے گا۔

اگر ہمیں آجر کو اِس معاہدے کی قبولیت پر بخوشی آمادہ کرنا ہے تو ہمیں اُس کیلئے ایک بہت بڑی ترغیب یا لالچ دریافت کرنا ہو گا ورنہ یہ نظام فیل ہو جائے گا، دولت کی اجارہ داری ختم نہیں ہو گی اور معاشرے میں امیر اور غریب کے طرز زندگی کا وہ فرق نہیں مٹ سکے گا جو دولت مندی کی نمائش کو برتری کی علامت بنا دینے کا واحد سبب ہے۔

آجر کیلئے ایسی ترغیب ڈھونڈنا کوئی مشکل کام نہیں ہے۔ سب سے پہلے ہمیں اِس ترغیب کا ماخذ ڈھونڈنا ہے، اور یہ ماخذ ظاہر ہے کہ اجیر کی ذات ہی ہو سکتی ہے۔

اب ہمیں یہ دیکھنا ہے کہ اجیر کے پاس اپنی خدمات کے علاوہ وہ کونسی ایسی شے ہے جو فطری اور پیدائشی طور پر اُس کی ملکیت ہے اور جسے وہ تمام ضروریاتِ زندگی کی مساویانہ فراہمی کے لالچ میں اپنے آجر کو دے سکتا ہے؟

اِس پہلو سے غور کرنے پر ہمارے سامنے ایک ہی چیز ایسی آتی ہے جو ہر شخص کا

فطری حق ہے اور اُس کی ذاتی ملکیت ہے مگر ہمارے مروجہ معاشی نظاموں کے مطابق وہ اِس چیز سے کوئی فائدہ نہیں اٹھا سکتا اور وہ چیز، وہ جائداد اُس کیلئے بے معنی، بے فیض اور بے قیمت ہو کر رہ گئی ہے کیونکہ نا قابل اِنتقال Non-Transferable بنادی گئی ہے۔۔۔ اور وہ جائداد ہے اجیر کا حق اِستعفیٰ، یعنی جب چاہے نوکری چھوڑنے اور اپنی مرضی سے نیا آجر منتخب کرنے کا حق۔

اگر اِس حق کو قانونی طور پر قابل اِنتقال یعنی Transferable تسلیم کر لیا جائے تو یقیناً یہ ایسی زبردست ترغیب ہو سکتی ہے جسے حاصل کرنے کی آرزو میں آجر اپنے اجیر کو اپنے برابر کی یعنی مساویانہ کفالت کا تحفظ فراہم کرنے پر بھی بے اِختیار آمادہ ہو گا۔ بالفاظِ دیگر آجر کیلئے اگر یہ گارنٹی قانوناً ممکن ہو جائے کہ اُس کا اجیر کام کا تجربہ حاصل کر لینے اور ایک قیمتی باصلاحیت ورکر بن جانے کے بعد اُس کی اجازت کے بغیر جب چاہے محض اپنی مرضی سے اُس کی ملازمت چھوڑ کر نہیں جا سکتا تو وہ اِس گارنٹی کو ہر صورت میں حاصل کرنا چاہے گا خواہ اِس کیلئے اُسے کچھ قیمت بھی ادا کیوں نہ کرنا پڑے اور اُسے اپنا معیارِ زندگی بھی اپنے اجیر کے مساوی ہی کیوں نہ کرنا پڑے۔ کارکنوں کی اُجرت، بونس، لیبر ڈیمانڈ، سوشل سیکورٹی، انشورنس وغیرہ از قسم بکھیڑوں سے نجات کا لالچ تو ایک ضمنی سی بات ہو جائے گی۔

قانون میں آجر کیلئے یہ ترغیب مہیا کرنے کا طریقہ یہی ہے کہ اجیر کے اِس ملکیتی حق کو قابل اِنتقال قرار دے دیں، یعنی یہ اجیر کی مرضی ہے کہ وہ جب چاہے اپنے آجر کو اپنا یہ فطری حق یعنی حق اِستعفیٰ اپنی مرضی کی قیمت پر منتقل کر سکتا ہے۔

یہاں ایک اہم سوال اور ابھرتا ہے کہ معاہدہ طے ہونے پر منہ مانگی قیمت پر ہی سہی، اگر اجیر کا حق اِستعفیٰ آجر کو منتقل ہو گیا تو ظاہر ہے کہ اجیر کا اِس حق پر اِختیار ختم ہو

جائے گا، دوسرے الفاظ میں ہم یوں کہہ سکتے ہیں کہ حق اِستعفیٰ کی فروخت کے بعد اجیر جب چاہے ملازمت چھوڑ دینے کا مختار نہیں رہے گا۔ اِس صورت میں جب وہ ملازمت چھوڑنا چاہے گا تو اُس کے پاس کیا راستہ ہو گا؟

ہم جانتے ہیں کہ اِنسان کی زندگی میں بارہا ایسے مواقع آسکتے ہیں جب اُسے اپنے موجودہ ذریعۂ معاش کی ضرورت نہ رہے، مثلاً اُس کو تحفہ یا ترکہ یا کسی دوسرے ذریعہ سے ایک بڑی رقم مل سکتی ہے، کوئی امیر شریک حیات مل سکتا ہے، اعلیٰ تعلیم یا کسی فن میں مہارت حاصل کرنے کے بعد اُس کی خدمات کی مارکیٹ ویلیو بڑھ سکتی ہے اور اُسے کسی بہتر آجر کے ہاں ملازمت کا چانس مل سکتا ہے، کسی ادبی، سائنسی، سماجی، فلاحی یا کسی دوسری خصوصی کارکردگی کی وجہ سے اُس کا معاشرتی مقام بلند ہو سکتا ہے۔۔۔ تو ایسی صورت میں جب وہ اپنی موجودہ نوکری کو خیر باد کہنا چاہے اور نہ کہہ سکے تو کیا یہ ظلم نہ ہو گا؟

اِس سوال کا بہترین جواب بھی حق اِستعفیٰ کی قابل اِنتقال صلاحیت میں موجود ہے اور وہ یہ کہ معاہدے میں اِس حق کی منتقلی کے ساتھ ہی اِس کی واپسی قیمت کا تعین بھی ہو جانا چاہیے تاکہ اپنے حق اِستعفیٰ کو اپنے آجر کے نام منتقل کرتے ہوئے اجیر کو اسے جب چاہے واپس حاصل کر لینے کی مالیت معلوم ہو اور اُسے پہلے سے ہی بخوبی علم ہو کہ وہ اپنے جس حق اِستعفیٰ کو اپنے آجر کے نام منتقل کرنے جا رہا ہے اُسے جب چاہے دوبارہ واپس لینے کیلئے اُسے اپنے آجر کو کیا ادا کرنا ہو گا۔ اِس طرح آجر اِس امر کا پابند ہو جائے گا کہ اُس کا اجیر جب چاہے اُسے مقررہ واپسی قیمت ادا کر کے اپنے حق اِستعفیٰ کو واپس حاصل کر سکتا ہے اور یوں اُس کی ملازمت چھوڑ سکتا ہے۔ اِس معاہدے کو ایسے رہن کی مثال سمجھا جا سکتا ہے جس میں کسی شے کی رہن رکھوائی کا بدل قیمت اور اُس کی واپسی کا بدل قیمت

الگ الگ متعین ہو سکتا ہو۔

یہاں ایک سوال اور ابھرتا ہے کہ اگر آجر نے اجیر کو منہ مانگی قیمت ادا کرنے اور اُس کے حق اِستعفیٰ کی واپسی قیمت اُس کی رضامندی سے طے کرنے کے بعد یہ معاہدہ کر لیا ہو اور اِس کے کچھ عرصہ بعد وہ خود ہی کسی وجہ سے اُس اجیر کی ملازمت برقرار رکھنا نہ چاہے جبکہ اجیر اُسے اپنے حق اِستعفیٰ کی واپسی قیمت جو معاہدے میں طے ہوئی تھی، ادا نہ کر سکے یا ادا کرنے پر تیار نہ ہو تو اُس صورت میں آجر اپنا نقصان کیسے برداشت کرے؟ اُس کو اپنی سرمایہ کاری کیلئے جو اجیر کا حق اِستعفیٰ حاصل کرنے پر کی گئی تھی، کیا تحفظ حاصل ہے؟

اس سوال کا جواب بھی اِس حق اِستعفیٰ کی قابل اِنتقال صلاحیت میں موجود ہے اور وہ یہ کہ معاہدے کی حیثیت بھی قابل اِنتقال ہونی چاہیے کیونکہ اجیر اپنے حق اِستعفیٰ کی منتقلی کے بعد واپسی قیمت ادا کیے بغیر محض اپنی مرضی سے نوکری چھوڑنے اور نیا آجر منتخب کرنے کا مختار نہیں ہو گا۔ بالفاظِ دیگر آجر کو یہ حق حاصل ہو کہ وہ اپنی مرضی سے اگر اجیر کی خدمات برخاست کرنا چاہے جبکہ اجیر اُسے واپسی قیمت ادا کرنے پر تیار نہ ہو تو وہ اِس معاہدے کو کسی بھی دوسرے فرد یا ادارے کے ہاتھ فروخت کر سکے۔ اِس فروخت کے بعد اجیر کی خدمات واپسی قیمت کی اُسی طے شدہ شرط کی موجودگی میں نئے آجر کیلئے مخصوص ہو جائیں جو معاہدے میں اِسے طے پاتے وقت ذکر کی گئی ہو۔ اِس کے بعد کفالتی تحفظ کا معیار نئے آجر کا طرز زندگی قرار پائے۔

اب اِس مجوزہ نظام روزگار کا جو خاکہ ہمارے سامنے آتا ہے وہ کچھ اِس طرح ہے۔

یہ قانون معاہدہ روزگار کے ایک ایسے تصور پر مبنی ہے جس کا بنیادی مقصد یہ ہے کہ اجیر کو دولت کے درمیانی رابطے کے بغیر اپنی خدمات کے عوض کسی مقررہ اُجرت کی

بجائے اُس کی ضروریات زندگی کی مکمل اور بے عیب فراہمی دستیاب ہو سکے۔

اب ہم اِس معاہدے کے خط و خال متعین کریں گے۔ ہر آجر اور اجیر کو ایسا قانونی معاہدہ کرنے کی اجازت ہو جس کی رُو سے آجر اِس امر کا پابند ہو کہ وہ اجیر کو اُجرت کی صورت میں وہی معیارِ زندگی فراہم کرے گا جو وہ خود اپنائے ہوئے ہو گا۔

اجیر کا حق اِستعفیٰ قابل اِنتقال Transferable صلاحیت کا حامل ہے اور اجیر کو یہ اِختیار حاصل ہے کہ وہ جب چاہے اِس حق کو اپنے آجر کے ہاتھ اپنی مرضی کی قیمت پر منتقل کر سکتا ہے۔

حق اِستعفیٰ کی منتقلی کی صورت میں اُس کی واپسی قیمت کا معاہدے کے متن میں تعین ہونا لازمی ہے تا کہ اجیر کو اپنے منتقل شدہ حق کو جب چاہے واپس حاصل کر لینے کی مالیت اور راستہ معلوم ہو۔

معاہدے کی حیثیت قابل اِنتقال ہو گی اور اِس کے تحت آجر کو یہ اِختیار ہو گا کہ وہ جب چاہے یہ معاہدہ کسی بھی دوسرے فرد کو منتقل کر کے اُسے اجیر کی خدمات پر اپنے قانونی اِختیارات منتقل کر سکے۔۔۔ تا کہ آجر کو اپنی سرمایہ کاری کا تحفظ حاصل رہے اور وہ اجیر کے حق اِستعفیٰ کے اپنے نام اِنتقال کیلئے اُسے زیادہ سے زیادہ رقم ادا کرنے پر آمادہ ہو سکے۔

اگر اجیر کے اوپر یہ معاہدہ کرنے سے پہلے کسی فرد یا افراد کی کفالتی ذمہ داری بھی ہے یعنی اُس کے بیوی بچے اور بوڑھے والدین یا نابالغ بہن بھائی وغیرہ، تو اِس صورت میں وہ یہ معاہدہ کرنے کا اہل تبھی ہو سکتا ہے جب اُس کا ممکنہ آجر اُس کی یہ کفالتی ذمہ داری بھی اٹھانے پر رضامند ہو۔

یہ وہ تصوراتی خاکہ ہے جو ایک ایسے قانونی نظام کی تشکیل کیلئے راہ ہموار کرے گا کہ

جس کی معاشرے کو اجازت ملنے کے بعد دولت کی نمائش اور اِس کی بنیاد پر پیدا ہونے والی فرسٹریشن کا خاتمہ ہو جائے گا، تب اِنسان کی ذاتی خوبیاں کمرشل اقدار کی حیثیت اِختیار کر لیں گی اور یہی اِنسانی معاشرے کی حقیقی ضرورت ہے۔ اِس امر کا تفصیلی منظر نامہ آئندہ ابواب میں زیر نظر آئے گا۔

یہاں ایک بہت بڑے ضمنی فائدے کا ذکر بھی لازم ہے۔

چونکہ اِس معاہدے کے تحت اُجرت کی رقم یا تنخواہ وغیرہ کا کوئی تصور نہیں ہے لہٰذا آجر کیلئے اجیر کی خدمات کی نوعیت اور مقام کا تصور بھی لازم نہیں ٹھہرتا۔ مثال کے طور پر ایک آجر جو اپنے کفالتی خدمتگار سے ڈرائیونگ کی خدمات لیتا ہے، اگر اپنی گاڑی بیچ دے اور خدمتگار سے کوئی دوسری خدمت مثلاً باورچی کی خدمات لینا چاہے تو یقیناً خدمت گار کو اِس امر پر کوئی اعتراض نہیں ہو سکتا کیونکہ یہ اعتراض اُسی صورت میں ہو سکتا ہے جب تنخواہ یا اُجرت کا مسئلہ درمیان میں آتا ہو۔ اِسی طرح اگر کوئی آجر نقل مکانی کر کے کسی دوسرے شہر میں چلا جائے تو بھی اجیر کیلئے کوئی مسئلہ نہیں ہے کیونکہ اِس کی اور اِس کے اہل خانہ کی اپنے مساوی رہائش، غذا، تعلیم وغیرہ فراہم کرنا خود آجر کی ذمہ داری ہے جس کے معیار میں کسی قسم کی کمی یا کوتاہی کی صورت میں اجیر بڑے مزے سے عدالت کے ذریعے واپسی قیمت ادا کیے بغیر اپنا حق اِستعفیٰ واپس حاصل کر سکتا ہے اور دوبارہ کسی دوسرے آجر کو منتقل کر کے مزید رقم حاصل کر سکتا ہے۔

ممکن ہے بعض لوگوں کو یہ مجوزہ خاکہ ایک دوسرے قانونی تصور سے مشابہ لگنے کی غلط فہمی ہو جو Bonded Labor کے نام سے دنیا کے کئی معاشروں میں مروج ہے، لہٰذا ضروری ہے کہ دونوں قوانین کے درمیان فرق کی وضاحت ہو جائے۔

Bonded Labor کی یہ ترتیب عام طور پر فوجی بھرتی کیلئے اِستعمال کی جاتی ہے۔

آرمی میں کمیشن ملنے سے پہلے نوجوان میں ایک خاص سطح کی ذہنی، جسمانی، تعلیمی اور حربی قابلیت پیدا کرنے کی ضرورت ہوتی ہے۔ اِس قابلیت کو پیدا کرنے میں اٹھنے والے اخراجات کو تحفظ دینے کیلئے حکومت اِس قانونی ترتیب کو اِختیار کرتی ہے اور اِس حلف نامے سے کیڈٹ اپنی تربیت مکمل کرنے کے بعد مخصوص مدت تک کیلئے فوجی خدمات انجام دینے کا پابند ہو جاتا ہے۔

پرائیویٹ سیکٹر کے معاہدہ ہائے روزگار میں بھی کہیں کہیں اِس کا ذکر ملتا ہے۔ عموماً اِسے کسی زیر تعلیم طالب علم کے تعلیمی اخراجات فراہم کرنے کیلئے اِستعمال کیا جاتا ہے۔ اِس کے مطابق طالب علم اپنی تعلیم مکمل کرنے کے بعد کسی مخصوص مدت تک متعینہ تنخواہ پر اُس آجر کیلئے خدمات ادا کرنے کا پابند ہوتا ہے جو اِس کے تعلیمی اخراجات برداشت کر رہا ہے۔ یورپ میں فٹ بال اور دیگر کھیلوں کے کلب کھلاڑیوں سے اِسی نوعیت کے معاہدے کر لیتے ہیں۔

اِس کے علاوہ بھی یہ قانون کہیں کہیں موجود ہے مگر بحیثیت مجموعی یہ قانون معاشرے میں بری طرح ناکام ہے اور عام طور پر آجر اور اجیر دونوں کیلئے ناقابل قبول ہے۔ اِس کی وجوہات واضح ہیں۔

اِس قانون کا سب سے پہلا اور بنیادی سقم یہ ہے کہ اِس معاہدے کے مطابق اُجرت رقم کی صورت میں ادا کی جاتی ہے اور اِس طرح معاشرے میں طبقاتی اِمتیاز Status Syndrome بر قرار رہتا ہے۔

دوسرا بڑا عیب یہ ہے کہ عام طور پر آجر کی سرمایہ کاری کو کوئی تحفظ حاصل نہیں ہے۔ اگر آجر کسی وجہ سے اجیر سے خدمات لینے کے قابل نہ رہے، قانون یا حالات کی تبدیلی کی وجہ سے اُسے اپنا پروگرام ملتوی یا منسوخ کرنا پڑے یا اجیر کی کارکردگی اُس کی

توقع کے مطابق نہ ہو اور وہ اجیر کو برخاست کرنا چاہے تو اُس کے پاس اِس کے سوا کوئی چارہ نہیں ہوتا کہ وہ اپنی سرمایہ کاری کو بھول جائے اور معاہدے سے دستبردار ہو جائے۔ اکثر اوقات اِس معاہدے کی حیثیت قابل اِنتقال نہیں ہوتی اور اگر ہو بھی تو اُس آجر کو ایسا گاہک میسر نہیں آتا جو اِس معاہدے کی خاطر خواہ قیمت ادا کرے۔ گاہک کو اجیر کے مقام ملازمت، مقدارِ اُجرت، مدتِ معاہدہ وغیرہ پر اعتراض ہو سکتا ہے۔ یہی اعتراض معاہدے کی مارکیٹ ویلیو کو ختم کر دیتا ہے اور آجر کو زیادہ سرمایہ کاری سے روکے رکھتا ہے۔۔۔ اور ظاہر ہے کہ سرمایہ کاری میں یہ کمی اجیر کیلئے پرکشش نہیں ہے۔

اِس تجزیئے سے Bonded Labor کے معاہدے میں یہ بنیادی خامیاں سامنے آتی ہیں۔ اُجرت کی رقم کی شکل میں ادائیگی، ملازمت کے مقام اور نوعیت کا متعین ہونا، معاہدے کی مدت کا پہلے سے طے ہونا اور معاہدے میں قابل اِنتقال صلاحیت کا نہ ہونا۔

اگر آپ غور کریں تو محسوس کریں گے کہ جس قانون کا خاکہ اِن صفحات میں کھینچا گیا ہے اِس میں اِن میں سے کوئی بھی خامی موجود نہیں ہے۔

اِس خاکے کی مدد سے ہم ایک ایسا قانونی نظام مرتب کرنے والے ہیں جو معاشرے میں Status Complex کا خاتمہ کرتا ہے۔ یہ نظام مساویانہ کفالتی تحفظ کی بنیاد پر نوعیت اور مقامِ ملازمت کی اُلجھن کو ناقابل توجہ اور بے معنی کر دیتا ہے، اجیر کے حق اِستعفیٰ کے آجر کے نام اِنتقال کی اجازت دے کر آجر کیلئے بہت بڑی ترغیب پیدا کرتا ہے اور حق اِستعفیٰ کی واپسی قیمت کے پیشگی تعین کی شرط کی وجہ سے اجیر کے مفادات کو تحفظ فراہم کرتا ہے۔ یہ قانون معاہدے کو قابل اِنتقال قرار دے کر آجر کیلئے سرمایہ کاری کا تحفظ فراہم کرتا ہے۔ یہ نہ صرف ریٹائرمنٹ اور ضعیف العمری کے مسائل کو بے معنی کر دیتا ہے بلکہ مدتِ ملازمت کی تخصیص بھی ختم کر دیتا ہے۔۔۔ لیکن اِن سب سے زیادہ

اہم اِنقلابی تبدیلی جو یہ لاتا ہے وہ یہ ہے کہ یہ قانون معاشرے میں اِخلاقی اقدار، رویّے اور سلوک یعنی اِنسان کی ذاتی خوبیوں کو کمرشلائز کرتا ہے اور یوں انہیں ذریعہ عزت بنا دیتا ہے (اس کی تفصیلی وضاحت آگے چل کر "منظر نامہ" کے باب میں ہو جائے گی۔) مختصر یہ کہ بحیثیت مجموعی، دولت کی نمائش سے پیدا ہونے والی اُس فرسٹریشن کی ممکنات کو ختم کر دیتا ہے جو جرائم کا باعث بنتی ہے۔

اب ہم فرسٹریشن کی دوسری وجہ یعنی زندگی کے جنسی پہلو پر ایک نظر ڈالتے ہیں۔

دوسرا عامل، جنسی ضرورت کا غیر فطری تصور معاشرے میں جرم کا دوسرا بڑا محرک جنس ہے اور یہ بھی کہ ہمارے تمام تر شخصی آزادی کے بنیادی تصورات پر مبنی قوانین کے باوجود جنسی جرائم مثلاً آبروریزی، یا جنس سے بالواسطہ تعلق رکھنے والے جرائم مثلاً منشیات، ورغلاہٹ اور اغوا یا غیرت وغیرہ کے نام پر قتل جیسے جرائم کی تعداد میں کوئی کمی نہیں ہو رہی بلکہ قدرے اضافہ ہی ہو رہا ہے۔ اِس سے صرف اور صرف ایک ہی مطلب نکل سکتا ہے اور وہ یہ کہ ہمارے شخصی آزادی اور بنیادی اِنسانی حقوق کی بنیاد یعنی اِنسانی جنسی ضرورت کا تعین ہی غلط ہے۔ ہم اِس غلطی کو سمجھنے کا فارمولا پہلے ہی ترتیب دے چکے ہیں کہ جرم کے پیچھے چھپی ہوئی فرسٹریشن کا محرک دریافت کریں یعنی جنسی ضرورت کی نوعیت اور پوٹنسی کو سمجھیں۔

ہر قسم کے جنسی جرائم کا جائزہ لینے کے بعد ہم اِس نتیجے پر پہنچتے ہیں کہ ایسے تمام جرائم میں عورت کی طرف سے پذیرائی تو ہو سکتی ہے، اِختیار نہیں ہوتا۔ دنیا بھر میں ہونے والے جنسی جرائم کا اگر عمیق نگہی سے مشاہدہ کیا جائے تو مرد ہی ذمہ دار دکھائی دیتا ہے۔ جہاں کہیں کوئی صحیح الدماغ تندرست عورت کسی ایسے جرم کی مرتکب پائی گئی ہے اگر آپ غور کریں تو دیکھیں گے کہ اُس جرم کا محرک جنس نہیں ہو گا بلکہ دولت کا لالچ،

افضلیت کی طلب یا کوئی نفسیاتی وجہ مثلاً انتقام، محبت یا تنہائی وغیرہ ہو گا جبکہ مرد کی طرف سے ایسے جرم کا ارتکاب محض جنسی تشنگی کی وجہ سے ہو گا۔ (یاد رہے کہ Nymphomania ایک نسوانی عارضہ ہے اور اِس کے تحت مرتکب ہونے والے جنسی جرائم کا اِس ضمن میں اطلاق نہیں ہوتا) گویا ہم یوں بھی کہہ سکتے ہیں کہ اگر مرد ضرورت مند نہ ہو تو کوئی جرم، کوئی سکینڈل وقوع پذیر نہیں ہو سکتا۔ اب سوال یہ پیدا ہوتا ہے کہ عورت کے مقابلے میں مرد جنس کے حوالے سے اِس قدر آگے کیوں بڑھ جاتا ہے؟

ہم دیکھ رہے ہیں کہ عورت دنیا کے تقریباً ہر میدان میں مرد کے برابر کارکردگی کا مظاہرہ کر رہی ہے۔ روزگار، تعلیم، تحقیق اور سائنسی ترقی، غرض تمام تر ذہنی و جسمانی اِستعمال میں عورت خود کو مردوں سے کم تر رہنے نہیں دے رہی، پھر کیا وجہ ہے کہ جنس کے میدان میں اس کا رویہ مرد سے مختلف ہے؟ وہ مرد کی طرح جنونی کیوں نہیں ہوتی؟ کیوں مردوں کی طرح تعیش گاہیں، عریاں کلب اور کیبرے قائم نہیں کرتی؟ وہ عورتوں کیلئے مردوں کی جسم فروشی کی پذیرائی کیوں نہیں کرتی؟ حتیٰ کہ عورت کا کسی مرد کی جبری آبروریزی کا تو تصور ہی نہایت مضحکہ خیز اور مزاحیہ محسوس ہوتا ہے، آخر اِس تمام فرق کی وجہ کیا ہے؟

دراصل اِس کی وجہ ہماری ایک بنیادی غلط فہمی ہے۔ ہم نے خود ہی یہ فرض کر رکھا ہے کہ عورت اور مرد میں جنسی ضرورت کی نوعیت ایک جیسی ہے۔ یہی وہ غلط فہمی ہے جس کی بنیاد پر ہم جو بھی قانون مرتب کرتے ہیں وہ غیر فطری ہونے کی وجہ سے خاطر خواہ نتائج نہیں حاصل کر پاتا اور فرسٹریشن کا باعث بنتا ہے۔

حقیقت یہ ہے کہ عورت اور مرد میں جنسی طلب کی کیفیت مختلف ہے۔ یہی وجہ

ہے کہ معاشرے میں عورت اور مرد کا اِس میدان میں رویہ بھی مختلف ہے۔ اِس تصور کی تہہ تک پہنچنے کے لیے ہمیں اِنسان میں جنسی طلب کا مقصد سمجھنا ہو گا۔

ہم جانتے ہیں کہ اِنسان میں جنسی عمل کا وجود نسل اِنسانی کی پیدائش کا ذریعہ ہے۔ اب اِس عمل پیدائش میں چونکہ عورت اور مرد کا جسمانی اِستعمال مختلف ہے لہٰذا دونوں کی جسمانی ساخت کو اندرونی اور بیرونی دونوں طرح سے مختلف رکھا گیا ہے۔

جسمانی ساخت میں اختلاف کی وجہ نسل اِنسانی کی پیدائش اور نشوونما کی ذمہ داریاں ہیں۔ کوئی بچہ جب پیدا ہوتا ہے تو اسے جن چیزوں کی ضرورت ہوتی ہے ان کی فراہمی قدرت نے اُس کی ماں اور باپ کے درمیان تقسیم کر رکھی ہے اور دونوں کی ذمہ داریوں کا اِس طرح تعین کیا ہے کہ ان کے جسموں کو ان کی اِس ڈیوٹی کے مطابق تعمیر کیا ہے (نسل اِنسانی کی پرورش و پرداخت کے بارے میں تفصیلی گفتگو چند صفحات کے بعد اپنی باری پر ہو گی، ہمیں اِس سے پہلے اِنسان کی جنسی خواہش کی حقیقت سمجھنی ہے۔)

جنسی تعلق کی طلب پیدا ہونے پر مرد کے جسم میں خون کا ایک خاص دباؤ امڈتا ہے جس سے ہر مرد بخوبی واقف ہے اور اِس کی تکنیکی تفصیل ہمارے لیے غیر متعلق ہے لہٰذا ہم اِس سے قطع نظر کرتے ہیں۔

یہ دباؤ یا باہ مرد کو فرسٹریٹڈ Frustrated کر دیتا ہے۔ جب تک وہ اپنی ضرورت پوری نہ کر لے، اُس کا ہیجان بڑھتا چلا جاتا ہے جبکہ عورت میں اِس معاملہ کی نوعیت یکسر مختلف ہے۔ ہر چند کہ ایک طبی اندازے کے مطابق عورت میں لطف کی مقدار مرد کے مقابلے میں نو سو فیصد زیادہ ہوتی ہے لیکن اِس کے باوجود اسے مرد کی طرح بے چینی پیدا کرنے والے کسی دباؤ کا سامنا نہیں ہوتا جبکہ مرد کے لیے جنسی لذت کی مقدار اگرچہ عورت کے مقابلے میں بہت کم ہے مگر اِس کے لیے تشنگی اور بے چینی کا نشانہ صرف مرد

ہی ہوتا ہے۔اِسی بات کو ہم یوں بھی کہہ سکتے ہیں کہ مرد کے لیے جنسی تعلق کی حیثیت لازمی ضرورت کی ہے جبکہ عورت میں یہ تعلق ایک خواہش کی حیثیت رکھتا ہے۔ اِس حیثیت کو بھی ہم پانی اور کولا کی ہی مثال سے سمجھ سکتے ہیں۔ مرد کے لیے جنسی تعلق کی حیثیت وہی ہے جو زندگی کے لیے پانی کی ہے یعنی اِس کے بغیر کوئی رہ نہیں سکتا جبکہ عورت کے لیے اِس کی حیثیت کولا کی سی ہے جو کہ ہرچند لذت میں پانی سے بڑھ کر ہے مگر فطری بنیادی لازمی ضرورت نہیں کہلایا جاسکتا اور لذت حاصل کرنے کے لیے ہی اِستعمال کیا جاتا ہے۔

اِس تجزیئے سے یہ نتائج اخذ ہوتے ہیں۔ ا۔ نارمل عورت میں جنسی لذت سے محرومی زیادہ سے زیادہ صرف حسرت کا باعث ہوسکتی ہے لیکن اُسے جرم پر آمادہ نہیں کر سکتی جبکہ مرد کی یہ ضرورت تشنہ رہ جائے تو وہ فرسٹریشن کا شکار ہوجاتا ہے، جرم پر آمادہ ہوسکتا ہے۔

۲۔ مرد اور عورت کے لیے جسمانی تعلق کی حیثیت یکساں نہیں ہے۔ دونوں افراد ایک دوسرے کی ضرورت پوری نہیں کرتے بلکہ یہ عمل عورت کی طرف سے مرد کے لیے ایک "عطا" کا درجہ رکھتا ہے اور چونکہ اِس سے مرد کی ضرورت کی تسکین ہوتی ہے لٰہذا یہ عورت کا حق ہے کہ اِس کے بدلے میں وہ مرد سے اِس تسکین کا نعم البدل حاصل کرے۔ یہ ایک معاہدہ کی صورت ہے جسے عرف عام میں شادی کا کنٹریکٹ کہا جاتا ہے۔

اِس معاہدۂ شادی کو ہم دو طرح سے ممکن العمل تصور کرسکتے ہیں۔ ایک صورت تو یہ ہے کہ یہ معاہدہ کلائنٹ اور کنسلٹنٹ consultant کے درمیان ہونے والے معاہدے کی مانند ہو اور دوسری صورت یہ کہ آجر اور اجیر کے درمیان ایک معاہدہ روزگار ہو جس میں مرد آجر ہے اور عورت یعنی بیوی اُس کی اجیر جو اِس تعلق کی خدمات

کے بدلے اُجرت میں مساویانہ کفالتی تحفظ حاصل کرتی ہے۔ بد قسمتی سے ہمارے تمام مہذب معاشروں میں اس دوسرے معاہدۂ شادی بطور معاہدۂ روزگار کا کوئی وجود نہیں ہے جس کے باعث بہت سی فرسٹریشن جنم لے رہی ہے۔

۳۔ اگر مرد کی اِس ضرورت کو بہ آسانی سیراب ہونے کا ہر ممکن مثبت راستہ عائلی قوانین میں دستیاب ہو اور مرد کے لیے عورت سے یہ تعلق قائم کرنا ایک مسئلہ نہ رہے بلکہ معمولی اور آسان بات ہو جائے یعنی اُس کا اِستحقاق قرار پا جائے تو نہ صرف جنسی جرائم کا خاتمہ ہو جائے گا بلکہ عورت کی خواہش بھی خود بخود سیراب ہوتی رہے گی اور اُس کے لیے بھی محرومی کا کوئی احتمال نہ رہے گا۔ (آئندہ صفحات میں یہاں تک جائزہ لیا گیا ہے کہ اِس کے بعد منشیات، شراب، حتیٰ کہ تمباکو نوشی تک کا اِستعمال ختم ہوتا چلا جائے گا۔)

اب رہا یہ سوال کہ قدرت نے عورت اور مرد کے درمیان اِس معاملے میں اِمتیاز کیوں برتا ہے اور مرد کے لیے اِس تعلق کو لازمی ضرورت بنا دینے کی قدرت کی سخت پالیسی کی وجہ کیا ہے؟ تو اِس بارے میں حقوق نسواں کا مشاہدہ کرتے ہوئے ہم اصل حقیقت تک پہنچیں گے مگر اِس سے پہلے ضروری ہے کہ مرد کی اِس ضرورت کی وسعت کو سمجھ لیں۔

ہم میں سے اکثر لوگ اِس غلط فہمی پر یقین رکھتے ہیں کہ دنیا کے "ہر" مرد کے لیے پوری زندگی میں ایک عورت کافی ہے۔ یہ فلسفہ ایک ایسی احمقانہ غلط فہمی پر مبنی ہے جو الجھنوں سے بھرے ہوئے کئی قوانین بنانے کا باعث بنی ہے۔ ہر مرد کے زندگی بھر کے لیے ایک عورت تک محدود ہونے کا فلسفہ محبت، ذہنی ہم آہنگی اور گھر گرہستی کے ضمن میں تو درست تسلیم کیا جا سکتا ہے لیکن اُس کی جنسی ضرورت کی آسودگی کے ضمن میں

اِس کا اطلاق نہیں ہو سکتا۔ اِسی بات کو مزید گہرائی تک سمجھنے کے لیے جنسیات سے متعلق میڈیکل سائنس کی تینوں شاخوں کے علوم ہمیں جو تفصیل بتاتے ہیں اِس کا ماحصل یہ ہے۔

عورت کی جنسی عمر مرد کے مقابلے میں بہت کم ہے۔ وہ بڑھاپا شروع ہونے سے پہلے ہی اپنی لذت خواہش اور دلچسپی تقریباً ختم کر چکی ہوتی ہے جبکہ مرد کو پچاس ساٹھ برس کی عمر میں بھی اِس تعلق کی ضرورت محسوس ہو سکتی ہے۔

عورت کے جسمانی نظام میں ایام Menstrual Cycles کی صورت میں بہت سے ناغے رکھے گئے ہیں۔

حاملہ ہونے کے بعد اکثر اوقات ڈاکٹرز اِس تعلق پر پابندی عائد کر دیتے ہیں۔ زچگی کے بعد بھی عورت کئی ہفتوں تک اِس تعلق کی اہل نہیں ہو پاتی۔ بہت سی چھوٹی چھوٹی مانع مباشرت نسوانی بیماریاں اُسے اکثر اوقات اِس تعلق سے دور کر دیتی ہیں اور اگر عورت غریب ہے یا کسی وجہ سے علاج کی خاطر خواہ سہولت حاصل نہیں کر پاتی تو یہ بیماریاں پیچیدہ اور طویل بھی ہو سکتی ہیں۔

دوسری طرف مرد کے لیے یہ تعلق ایک ایسی ضرورت کا درجہ رکھتا ہے جو پوری نہ ہو تو اِس کے دباؤ سے اُس پر فرسٹریشن بلکہ ہیجان بھی طاری ہو سکتا ہے اور اُسے جرم پر آمادہ کر سکتا ہے۔

مرد کے جسمانی نظام میں حمل، زچگی، ایام یا پیچیدہ بیماریوں جیسے کوئی وقفے بھی نہیں ہوتے۔

ایسی مثالوں سے یہ نتیجہ اخذ کر لینا دشوار نہیں کہ دنیا کے ہر مرد کے لیے پوری زندگی تک بلکہ کسی ایک مدت کے دوران بھی ایک ہی عورت سے اُس کی اِس ضرورت کا

پورا ہوتے رہنا ممکن نہیں ہے، یقیناً بہت سے ایسے مرد ہوتے ہیں جن کو بیوی کی صحت مندی، ذہنی ہم آہنگی اور دیگر بہت سے عوامل کسی مزید راستے کی ضرورت سے بے نیاز کر دیتے ہیں تاہم یہ بھی ایک حقیقت ہے کہ معاشرے میں متعدد مرد ایسے ہو سکتے ہیں جن کے ازدواجی حالات ان کی اِس ضرورت کی تسکین کیلئے خاطر خواہ آسودگی فراہم نہ کر سکتے ہوں اور یوں انہیں فرسٹریشن میں مبتلا کر سکتے ہوں، جرم پر آمادہ کر سکتے ہوں۔

اب یہ سوال پیدا ہوتا ہے کہ اگر دنیا کے ہر ایک مرد کا ایک وقت میں ایک ہی عورت تک محدود رہنا ممکن نہیں تو وہ جس کی ضرورت پوری نہ ہو رہی ہو، وہ ایک عورت کی موجودگی میں دوسری عورتوں سے تعلق کیسے قائم کرے یعنی عورت کے مانع وقفوں کے دوران یا اُس کے جنسی عمر پوری کر لینے Sexually Expired ہو جانے کے بعد وہ خود کو فرسٹریشن سے بچانے کے لیے کس قانون کا سہارا لے؟

دنیا کے مختلف معاشروں میں اِس سوال کے جوابات مختلف ہیں۔

بعض معاشروں میں مرد کو بیک وقت ایک سے زیادہ شادیاں کرنے کی اجازت ہے اور بعض میں ایک سے زیادہ شادیوں کی تو اجازت نہیں ہے البتہ شخصی آزادی کے تصور کی بنیاد پر کسی بھی عورت سے اُس کی رضامندی کے ساتھ یہ تعلق قائم کرنے کی آزادی ہے۔ آیئے ان دونوں جوابات کا اپنڈکس نکالیں۔

دراصل یہ دونوں جوابات غلط ہیں۔ شادی کا جو تصور ہمارے معاشروں میں مروج ہے اِس کا بنیادی مقصد جنسی ضرورت کی سیرابی ہے ہی نہیں۔ یہ شادی تو ہر مرد دُکھ سکھ میں رفاقت، اولاد، محبت یا ذہنی سکون کے لیے کرتا ہے۔ وہ یہ چاہتا ہے کہ اُس کا ایک گھر، اپنی بیوی، اپنی اولاد یعنی ایسے افراد جو اُس کے دُکھ سکھ میں، احساسات میں، محبت و رفاقت میں شرکت دار ہوں، وہ جو اُس کے نام سے پہچانے جائیں اور جن کی ترقی پر خود وہ

سر بلند ہو، وہ افراد جن کے سامنے اُس کے دل کا بوجھ ہلکا ہو، جو اُس کے درد پر چشم پر آب ہوں اور اُس کی خوشی پر کھل اٹھیں۔ وہ افراد جن کے لیے وہ جدوجہد کرے تو اُس کے لیے اطمینان قلب کا باعث ہو۔ گویا شادی کا وہ تصور جو ہمارے ذہنوں میں ہے اُس کا مقصد جنسی ضرورت کی تکمیل نہیں بلکہ اس کا تعلق ذہنی، جمالیاتی اور فکری احساسات سے ہے۔

ہر سمجھدار شخص جانتا ہے کہ محض جنسی تعلق کی خاطر دوسری شادی کرنے والے سے وہ سب نعمتیں چھن جائیں گی جن کا اوپر ذکر ہوا ہے۔

ایک سے زیادہ ایسی شادیوں کی جن کی مہذب معاشروں میں اجازت ہے، ان معاشروں میں بھی ان شادیوں کا مقصد جنسی ضرورت کی تسکین قرار نہیں دیا جاتا بلکہ ان نعمتوں میں سے کسی کا حصول قرار دیا جاتا ہے جو اوپر بیان کی گئی ہیں یا پھر کوئی سماجی، اِخلاقی، اصلاحی یا فلاحی ضرورت ہوتی ہے۔

اِس تجزیہ سے ہم اِس نتیجے پر پہنچتے ہیں کہ شادی کا وہ تصور جو ہمارے معاشروں میں مروج ہے، ہر مرد کی جنسی ضرورت کا حتمی حل ہر گز نہیں قرار دیا جا سکتا بلکہ اسے اِس ضرورت کی تسکین کا راستہ قرار دینا ہی غیر فطری اور معاشرے کے لیے مہلک ہے اور اِس ضرورت کی تسکین کا کوئی مثبت راستہ یعنی شادی کا کوئی اور وسیع تر تصور ان معاشروں میں دستیاب نہیں ہے۔

اب نام نہاد آزاد معاشروں میں مروج شخصی آزادی کے تصور پر مبنی اُس قانون کا جائزہ لیجیے جس کے مطابق مرد کو عورت کی رضامندی سے، شادی کے بغیر بھی یہ تعلق قائم کرنے کی اجازت ہے۔ خطرناک طبی پہلو جس میں ایڈز اور وی ڈی انفیکشن کا پہلو شامل ہے، سب سے پہلا فساد ہے۔ اُس کو سمجھنے میں میڈیکل سائنس سے جو لغزش ہوئی،

اس کا تفصیلی جائزہ تھوڑی دیر بعد لیا جائے گا۔ نفسیاتی پہلو سے بھی یہ اصل مسئلے کا کوئی حل نہیں ہے کیونکہ رضامندی کا لفظ اپنے اندر دشواریوں کا وسیع مفہوم لیے ہوئے ہے۔

مرد کے لیے کسی عورت کو رضامند کرنا ایک بہت بڑا مسئلہ ہوتا ہے۔ وہ اِس مقصد کے لیے دولت اِستعمال کرتا ہے تو ایک طرف ہوسِ زر وجود میں آتی ہے تو دوسری طرف جسم فروشی جنم لیتی ہے۔ وہ عورت کو رضامند کرنے کے لیے اُسے محبت کا فریب دیتا ہے تو ضمیر اور اِخلاقیات کو دفن کر دیتا ہے۔ یوں معاشرے میں منافقت اور دھوکا بازی فروغ پانے لگتی ہیں۔ وہ عورت کو متاثر کر کے اُس تک رسائی حاصل کرنا چاہتا ہے تو شہرت اور اِختیارات کے لیے جنونی ہو جاتا ہے یا جسمانی طور پر اُسے متاثر کرنے کے لیے Aphrodisiacs اِستعمال کرتا ہے تو ان کے مضر اثرات کا شکار ہوتا ہے۔ عورت کی رضامندی حاصل نہ کر سکنے کی صورت میں جبر اور Rape کا ارتکاب کرتا ہے یا خاطر خواہ دولت میں کمی محسوس کرتے ہوئے ایسے جرائم کرتا ہے جن سے دولت حاصل ہو سکتی ہے، یا پھر ناکامی کے نتیجے میں نفسیاتی، منشیاتی یا طبی مریض بن جاتا ہے۔ چونکہ اُسے اپنی ضرورت کو ایک ہی دفعہ پورا کر کے مطمئن نہیں ہو جانا ہوتا بلکہ زندگی بھر اُسے بار بار پورا کرتے رہنا ہوتا ہے لہٰذا اُسے بہت زیادہ دولت کی ضرورت محسوس ہوتی ہے تاکہ اُس کی مدد سے وہ عورت کو اُس کی رضامندی کے لیے اُس کی پسندیدہ قیمت ادا کرتے رہنے کے قابل ہو سکے۔

درحقیقت مرد کے لیے مسئلہ عورت کی آمادگی کی شرط پوری کرنا ہے اور اِس کے بعد بیماریاں یعنی انفیکشن یا ایڈز کا خوف ایک الگ مسئلہ ہے۔

اب ہمارے لیے معاشرتی نظام کا ایک پوائنٹ بن گیا کہ اگر ہمیں مرد کی ضرورت پوری کرنے والا ایسا آسان راستہ دریافت کرنا ہے جس میں مرد کے لیے طبی حفاظت کے

ساتھ آسودگی حاصل کرلینا ممکن ہو تو ہمیں شادی کا ایک ایسا متبادل نظام بھی تشکیل دینا ہو گا جو آجر اور اجیر کے درمیان معاہدۂ روزگار کی مانند طے ہو رہا ہو اور اجیر بیویوں کی تعداد ایک سے زیادہ بھی ممکن ہو۔ ان کے ساتھ جسمانی تعلق میں ان کی بار بار رضامندی کی شرط نہ ہو بلکہ شوہر کو اِس تعلق کا حق اِسی طرح حاصل ہو جس طرح کسی آجر کو اپنے ملازم سے متعینہ خدمات لینے کا حق حاصل ہوتا ہے۔ اِس تعلق کے نتیجے میں انفیکشن کا احتمال پیدا نہ ہو سکے اور اِس میں بدنامی اور سکینڈل کی ممکنات بھی پیدا نہ ہو سکیں بلکہ معاشرے میں یہ تعلق قانونی طور پر تسلیم شدہ ہو۔

اِس سے پہلے کہ ہم اِس قانون کے لیے عورت کی حیثیت سے متعلق دیگر امور پر غور کریں، اِس تعلق کے طبی پہلوؤں پر نظر ڈالنا لازم ہے کیونکہ ہم جو نظام ترتیب دینے جا رہے ہیں اُس میں ایڈز اور انفیکشن کا کوئی احتمال نہیں ہونا چاہیے۔ ***

***

ایڈز HIV اور میڈیکل سائنس کی لغزش

چونکہ اِس بیماری کی پوری تفصیل اور مخففات Abbreviations کی تشریح محض وقت کے ضیاع کے سوا کچھ نہیں ہے لہٰذا بات وہاں سے شروع کی جا رہی ہے جو ہمارا اصل موضوع ہے۔

اِس ضمن میں میڈیکل سائنس نے جو شواہد مرتب کیے ہیں ان میں ایک نکتہ ایسا ہے جو میڈیکل سائنس کی ایک سنگین لغزش کی جانب رہنمائی کرتا ہے۔

ہم جانتے ہیں کہ یہ عارضہ ایک وائرس کا مرہون منت ہے۔ اِس وائرس کو ایچ آئی وی HIV کا نام دیا گیا ہے جبکہ اِس کی درجہ بندی کی قسم کو آر این اے کہا جاتا ہے۔ ہمیں یہ بھی بتایا گیا ہے کہ اِس وائرس کے اِنسانی جسم میں ملٹی پلائی کرنے سے پیدا ہونے والا انفیکشن اِنسانی جسم میں موجود قدرتی مدافعتی نظام کو "چند" سال میں بے اثر کر دیتا ہے لیکن اِس میں قابل توجہ امر یہ ہے کہ اِس وائرس کی اثر پذیری کی مدت کا کوئی پیمانہ آج تک میڈیکل سائنس کی سمجھ میں نہیں آیا۔ HIV کا کوئی مریض تو محض سات سال میں ہی ایڈز سے مر گیا اور کسی مریض کا بارہ سال تک یہ وائرس خون میں رہنے کے باوجود کچھ نہ بگاڑ سکا یعنی اُس میں ایڈز کی کوئی علامت نمودار نہ ہوئی۔

یہاں دو اہم سوالات اور HIV کے دیگر کسی بھی وائرس سے مختلف ہونے کے بارے میں ذکر ضروری ہے جس سے میڈیکل سائنس کی اِس بیماری کے بارے میں ناقص تھیوری کو سمجھنے میں آسانی ہو گی، اِس لیے کہ اِن دونوں سوالات کا تسلی بخش

جواب میڈیکل سائنس میں نہیں ملتا۔

ا۔ اِنسانی جسم کے لیے ضرر رساں وائرس کی فہرست میں یہ واحد وائرس ہے جو اگر ایک دفعہ بدن میں داخل ہو جائے تو مرتے دم تک پیچھا نہیں چھوڑتا جبکہ عارضہ پیدا کرنے والے دیگر وائرس اِنسانی جسم میں طویل عرصہ تک رہ نہیں پاتے،۔۔۔کیوں؟۔۔۔اِس کی کوئی توجیہ میڈیکل سائنس میں مسلمہ نہیں ہے۔

۲۔ یہ واحد وائرس ہے جس کے خلاف اِنسانی بدن میں اِس کے ملٹی پلائی ہوتے وقت بھی کوئی مزاحمت نہیں ہوتی جبکہ دیگر وائرس میں سے جب بھی کوئی وائرس اپنی نشوونما اور انفیکشن کا عمل شروع کرتا ہے، اِنسانی جسم اِس پر فوراً خطرے کی گھنٹی بجاتا ہے اور آبلے، بخار، سوزش، درد، پھپھولے، بلغم وغیرہ، از قسم مختلف علامات ظاہر کرنا شروع کر دیتا ہے۔ اِس فرق کی توجیہ Justification کیا ہے؟۔۔۔کوئی نہیں۔

اِس ضمن میں ہمارے رفقائے کار نے جس تجزیئے کی طرف راہنمائی دی ہے اُس کی تفاصیل و جزئیات کا احاطہ تو یہاں ممکن نہیں، البتہ اُس کا ماحصل آسان زبان میں پیش خدمت ہے۔

یہ دونوں حقائق اگر غور کیا جائے تو ایک ہی سمت نشاندہی کرتے ہیں کہ کوئی ایسی وجہ ضرور ہے جس کی بنیاد پر اِنسانی جسم اِس وائرس کے خلاف مزاحمت نہیں کرتا اور یوں وائرس کو Multiply کرنے میں کوئی دشواری پیش نہیں آتی۔۔۔اور وہ وجہ یہی ہو سکتی ہے کہ اِنسانی جسم میڈیکل سائنس کے پراپیگنڈے سے دھوکا نہیں کھاتا اور اِس بیرونی اور اجنبی قرار دیئے جانے والے وائرس کو اپنے لیے اجنبی ہی نہیں سمجھتا جبکہ میڈیکل سائنس کی تھیوری کے مطابق یہ اِنسانی جسم کیلئے ایک اجنبی آر این اے ہے، بلکہ یہاں تک کہا گیا کہ یہ وائرس چمپینزی یعنی بندر سے اِنسان میں منتقل ہوا ہے۔

چونکہ اِنسانی جسم کا اپنے دشمن کو پہچان نہ سکنا قانون فطرت کے خلاف ہے لٰہذا وائرس کو اجنبی قرار دینے کی یہ میڈیکل سائنس کی تھیوری ایک قابل یقین تھیوری نہیں ہوسکتی چنانچہ یہ کہنا کہ یہ وائرس کسی دوسری مخلوق سے بنی نوع اِنسان میں آیا، غیر منطقی بات ہے اور ٹامک ٹوئیاں قرار دی جاسکتی ہے۔ اِس صورت میں صرف ایک گوشہ ایسا ملتا ہے جس کے ممکن العمل ہونے کے بارے میں ابھی تک میڈیکل سائنس میں غور ہی نہیں کیا گیا اور وہ گوشہ ہے وائرس کا بیرونی یا اجنبی نہ ہونا بلکہ خود اِنسان کے اندر ہی وجود حاصل کرنا۔ اِسی بات کو ہم یوں بھی کہہ سکتے ہیں کہ ایچ آئی وی کوئی ایسا خارجی وائرس نہیں ہے جو اِنسانی جسم کیلئے اجنبی ہو اور دیگر وائرس کی طرح باہر سے اِنسانیت پر حملہ آور ہوا ہو بلکہ یہ اِنسان کے اندر ہی وجود حاصل کرتا ہے اور اسی پروٹین کا جزو ہے جس سے اِنسان کے دیگر خلیات نمود حاصل کرتے ہیں۔

اِس نقطہ نظر کو ان شواہد سے مزید تقویت ملتی ہے کہ کئی مریضوں میں میڈیکل ٹسٹ کے دوران HIV پازیٹو نکلا لیکن وہ بارہ چودہ برسوں کے بعد بھی ایڈز کے شکار نہیں ہوئے حالانکہ اِس دوران وائرس ان کے خون میں موجود بھی رہا۔ اِس کا سیدھا سادہ مطلب یہ تھا کہ وہ HIV جو ان مریضوں کے خون میں ہے، ان کیلئے مہلک نہیں ہے۔ گویا ہر HIV ہر اِنسان کیلئے مہلک نہیں ہوتا بلکہ اسی شخص کیلئے مہلک ہوتا ہے جس سے اُس کی پروٹین مماثل ہوتی ہے۔۔ لیکن میڈیکل سائنس نے اس وائرس کے غیر مہلک ہونے کے جواز میں یہ غیر منطقی اور بے بنیاد مفروضے قائم کر لیے کہ یہ وائرس جو مہلک نہیں نکلا، یہ وائرس ہی کوئی دوسرا ہے اور یہ ایڈز پیدا ہی نہیں کرتا۔۔۔ یا یہ کہ ہر شخص میں اِس وائرس کی اثر پذیری کی شدت مختلف ہوتی ہے چنانچہ کچھ مریض دس بارہ سال تک بھی اِس کے انفیکشن کے شکار نہیں ہوئے اور کبھی نہ کبھی وہ ضرور ہوں گے، وغیرہ۔

بچپن میں ایک چٹکلہ سنا کرتے تھے کہ کوئی سائنسدان مینڈک پر تحقیق کر رہا تھا۔ اُس نے مینڈک کو میز پر بٹھا کر اُس کے عقب میں پٹاخا چھوڑا۔ مینڈک زور سے اچھلا۔ سائنسدان نے اُس کی ایک ٹانگ کاٹ دی اور پھر پٹاخا پھوڑا۔ اِس دفعہ مینڈک کم اچھلا۔ سائنسدان نے اُس کی دوسری ٹانگ بھی کاٹ دی۔ اِس دفعہ پٹاخا پھوڑا تو وہ بالکل نہ اچھلا۔ اِس سے سائنسدان نے یہ محققانہ نتیجہ اخذ کیا کہ مینڈک کی دونوں ٹانگیں کاٹ دی جائیں تو وہ بہرا ہو جاتا ہے۔

کچھ اِسی قسم کی واردات میڈیکل سائنس کے ساتھ بھی ہوئی چنانچہ اب وہ مینڈک کو بہرا تصور کرنے پر مصر ہے اور اِن ممکنات پر غور کرنے کیلئے تیار ہی نہیں کہ ہر H.I.V ہر شخص کیلئے مہلک نہیں ہوتا بلکہ صرف اُنہی کیلئے مہلک ہوتا ہے جن سے مماثل Compatible ہوتا ہے۔ مثال کے طور پر اگر دو افراد کے ڈی این اے باہم فیوز ہو جائیں تو اِن میں سے ایک کی مثبت دھاری Strand دوسرے کی منفی دھاری کے ساتھ اِس طرح مخلوط ہو سکتی ہے کہ RNA بنا سکے۔ اب چونکہ یہ دونوں Strands مختلف افراد کے ہونے کی وجہ سے ایک دوسرے کے ہم پلہ نہیں ہیں اِس لیے اِن کی پیوستگی عدم توازن کی شکار رہے گی چنانچہ ایسا RNA جو پروٹین جمع کرے گا وہ ان دو افراد کے جسم سے نیم ہم آہنگ ہونے کی وجہ سے انہی دو افراد کے T خلیات پر چپک کر ایڈز کا باعث بنے گی جن کے ڈی این اے باہم فیوز ہوئے تھے۔ اِسی غیر متوازن RNA کا نام HIV ہے۔ یہ HIV چونکہ صرف انہی دو افراد کے جسم سے نیم ہم آہنگ ہے لہٰذا صرف ان کے اور ان کی اولاد کیلئے مہلک ہے، باقی اِنسانوں کیلئے نہیں۔

یہ ایک ایسی تھیوری ہے جو میڈیکل سائنس میں زیر غور ہی نہیں لائی گئی اور وہاں مینڈک کے بہرا ہونے کی رٹ لگائی جاتی رہی یعنی جان چھڑانے کیلئے یہی کہا جاتا رہا کہ جو

وائرس مہلک نہیں نکلا وہ HIV تھا ہی نہیں بلکہ وہ اسی قبیل کا کوئی دوسرا وائرس تھا، یا یہ بے سروپا مفروضہ قائم کر لیا گیا کہ ہر HIV کے ہر اِنسان کیلئے مہلک بن جانے کا دورانیہ مختلف ہوتا ہے جس کا کوئی پیمانہ بھی ممکن نہیں ہے، وغیرہ۔

ہماری تھیوری میں یہ سوال ابھی تشنہ ہے کہ دو مختلف افراد کے ڈی این اے کو باہم فیوز ہونے کا موقع کہاں اور کیسے مل سکتا ہے؟

میڈیکل سائنس HIV کے عمل اِنتقال کے جن ذرائع کا ذکر کرتی ہے ان میں ایک Multiple Sexual Partners یعنی ایک وقت میں ایک سے زیادہ، مختلف اصناف کے افراد کا باہمی فطری جنسی تعلق ہے۔

یہ انتہائی مبہم بات ہے جو ایک جسم فروش عورت کی زندگی اور دو بیویاں رکھنے والے شوہر کی عائلت کو ایک ہی صف میں کھڑا کر رہی ہے۔ مزید یہ کہ اِس میں لفظ "وقت" کی کوئی حد بندی نہیں ہے، مثال کے طور پر اگر کوئی پیشہ ور عورت خود کو ہر شب ایک نئے مرد کے سامنے پیش کرتی ہے تو بھی یہ Multiple ہو گا اور اگر کوئی عورت بیوہ ہو جائے اور پھر دوسری شادی کرے تو بھی یہ Multiple ہو گیا۔ گویا میڈیکل سائنس کی اِس Definition کو ہم یوں بھی کہہ سکتے ہیں کہ عمر بھر میں جب بھی کبھی کسی اِنسان کا Sexual Partner تبدیل ہوا، یہ عمل ملٹی پل کی تعریف میں آ گیا یعنی اُس کے لیے اِس انفیکشن کا امکان پیدا ہو گیا، خواہ یہ امکان بہت موہوم سا ہی ہو۔

یہ تصور اگر درست مان لیا جائے تو پوری اِنسانیت کے لیے اِس بیماری سے بچاؤ تقریباً ناممکن بن جاتا ہے کیونکہ ہم پہلے ہی دیکھ چکے ہیں کہ دنیا کے "ہر ایک" مرد کے لیے غیر فطری ضبط کیے بغیر زندگی بھر ایک ہی عورت تک محدود رہنا ممکن نہیں ہے۔ گویا جب تک ہم مرد اور عورت میں فطری تولیدی عمل کے تناظر میں Multiple کے مفہوم کی

درستگی اور اِس کے ضمن میں لفظ "وقت" کا تعین نہ کرلیں، نہ تو ہم وائرس کے فیوژن کے عمل کو سمجھ سکتے ہیں اور نہ ہی اِنسانیت کو اِس مہلک مرض سے حتمی طور پر محفوظ رہنے کا یقینی راستہ فراہم کر سکتے ہیں چنانچہ لازم ہے کہ اِس ضمن میں "وقت" کے تصور کی تعریف مرتب کرلی جائے۔

ہر عورت کو قدرت نے ایام یعنی Menstrual Cycles کی صورت میں خود کار صفائی کے بے مثل نظام کا عطیہ دیا ہے۔ جب کسی عورت کا ایک مرد کے ساتھ عمل مجامعت وقوع پذیر ہوتا ہے تو اُس مرد کے اثرات عورت کے تولیدی اعضاء میں سرایت کر جاتے ہیں۔ اگر اِس عمل کے نتیجے میں عورت کا پاؤں بھاری نہ بھی ہو تو بھی وہ اُس مرد سے تب تک Impregnated رہتی ہے جب تک اُس کا اگلا دورۂ ایام خاطر خواہ طریقے سے مکمل نہ ہو جائے۔

ایک دو یا زیادہ سے زیادہ تین Cycles کے مکمل ہو جانے کے بعد وہ آئینے کی طرح شفاف ہو جاتی ہے اور اِس میں اُس مرد کے کوئی اثرات باقی نہیں رہتے جس سے اِس کی سابقہ Intramenstrual Clean Period کے دوران مجامعت واقع ہوئی تھی یا ہوتی رہی تھی۔ ایام کا یہی نظام عورت کے لیے قدرت کی طرف سے خود کار صفائی کا عطیہ ہے اور اِسی تصور پر Multiple کا درست مفہوم اُستوار ہوتا ہے کہ اگر کسی عورت کی ایک طہر Intramenstrual Clean Period کے دوران ایک سے زیادہ مردوں کے ساتھ مجامعت وقوع پذیر ہو تو یہ Multiple کے مفہوم پر پورا اترے گا اور اِس وائرس کے لیے Culture Media فراہم کرنے کا باعث بنے گا کیونکہ اِس صورت میں کہ جب اُس عورت کے اندر پہلے سے ہی ایک مرد کے اثرات موجود ہیں یعنی وہ پہلے ہی ایک مرد سے Impregnated ہے، اگر کسی دوسرے مرد کے اثرات بھی اُس میں

سرایت کرتے ہیں تو وائرس کے لیے سازگار ماحول جسے میڈیکل کی اصطلاح میں کلچر میڈیا کہا جاتا ہے، دستیاب ہو جاتا ہے۔ چونکہ اُس وقت دو مختلف مردوں کے ڈی این اے اُس کے رحم میں بیک وقت موجود ہوں گے لہٰذا یہ امر "قرین قیاس" ہے کہ وہ باہم فیوز ہو جائیں اور ان کے Strands کے اختلاط کے ذریعے ایک ایسا آر این اے تشکیل پا جائے جو ان تینوں افراد یعنی دونوں مرد اور کلچر میڈیا فراہم کرنے والی اُس عورت کے لیے مہلک HIV کی شکل میں نشوونما حاصل کرنے لگے۔ تب یہ HIV اگرچہ ان کی اولادوں کے لیے بھی مہلک ہو گا تاہم اگر یہ کسی چوتھے فرد کو خون کی Transfusion کے ذریعے منتقل ہو گا تو اُس کے لیے غیر مہلک ہو گا، باوجودیکہ اُس کے خون میں موجود رہے گا۔

اب اِس لفظ "قرین قیاس" کی تفصیل کا جائزہ بھی لینا مناسب ہو گا یعنی ایسے دو افراد کونسے ہو سکتے ہیں جن کے ڈی این اے اِس قدر مماثل ہوں کہ ان کے باہم فیوز ہونے کے امکانات بہت زیادہ ہو سکتے ہوں۔ اِس سوال کا جواب ہے "خون کا رشتہ"۔ جب جنسی تعلق قائم کرنے والے افراد کے مابین کوئی ایسا جینیاتی مشابہت کا تعلق ہو جیسا ایک ہی خاندان کے افراد میں ہوتا ہے، تو ان کے ڈی این اے کے باہم فیوز ہونے کے امکانات زیادہ ہوں گے۔ اِسی بات کو ہم یوں بھی کہہ سکتے ہیں کہ اگر کسی معاشرے میں جنسی تعلق کی اُستواری پر نگاہ احتساب نہ رہے یعنی زنا عام ہو تو چونکہ افراد کی ولدیت مشکوک ہوتی ہے لہٰذا ایسے معاشرے میں اِس امر کے امکانات بہت زیادہ ہو سکتے ہیں کہ جو افراد جسمانی تعلق قائم کریں وہ ایک ہی جینیاتی فریم کے مالک ہوں، بالفاظ دیگر ان کے درمیان خون کا رشتہ موجود ہو خواہ انہیں اِس حقیقت کا علم ہی نہ ہو۔ اِس صورت میں ان کے ڈی این اے کے فیوز ہونے کے امکانات بہت بڑھ جائیں گے۔

اِس نظریے کی صداقت کے لیے یہ مشاہدہ کافی ہے کہ ایڈز سے مرنے والوں کی زیادہ تعداد انہی معاشروں میں ہے جہاں ایک عورت کے ایک وقفہ طہر یعنی Intramenstrual Period کے دوران دو یا زیادہ مردوں سے جسمانی تعلق یعنی زنا کی آزادی ہے۔

Transfusion کے ذریعے منتقل ہونے والے HIV کے غیر مہلک ہونے کی دلیل یہ ہے کہ ایڈز کی تاریخ میں ایسے بچوں کی کوئی تعداد مرقوم نہیں ہے جو سات برس کی عمر میں ایڈز سے مر گئے ہوں اور ان کی ماؤں کو ایڈز نہ ہو۔ دوسرے الفاظ میں ان بچوں کو ایچ آئی وی موروثی طور پر نہیں بلکہ خون کے ذریعے منتقل ہوا ہو۔ اگر Transfusion کے ذریعے منتقل ہونے والا ایچ آئی وی مہلک ہوتا تو ایسے بچوں کی تعداد ہزاروں یا شاید لاکھوں میں ہوتی۔

اِسی بات کو ہم یوں بھی کہہ سکتے ہیں کہ اگر کوئی عورت اِس امر کو ملحوظ رکھے کہ وہ ایک طہر کے دوران خود کو ایک ہی مرد تک محدود کرے گی تو خواہ اُس کی زندگی میں بیسیوں Sexual Partners بھی کیوں نہ تبدیل ہوں، یہ عمل کسی صورت بھی Multiple کی تعریف میں نہیں آئے گا۔ اِسی طرح اگر ہر مرد یہ امر ملحوظ رکھے کہ وہ کسی ایسی عورت کے ساتھ مجامعت نہ کرے جو اِس وقفہ طہر کے دوران پہلے ہی کسی دوسرے مرد سے Impregnated ہو چکی ہو تو خواہ اُس مرد کا بیک وقت ایک سے زیادہ عورتوں سے بھی جسمانی تعلق کا سلسلہ اُستوار ہو، یہ عمل نہ تو آر این اے کو مہلک ایچ آئی وی کی ہیئت اِختیار کرنے کا موقع فراہم کر سکتا ہے اور نہ ہی Multiple کی تعریف میں آ سکتا ہے

اِسی بات کو ہم یوں بھی کہہ سکتے ہیں کہ مرد اگر صرف انہی عورتوں سے تعلق رکھے

جو ایک طہر کے دوران صرف اسی تک محدود رہنے والی ہوں اور ان عورتوں کے درمیان کوئی جینیاتی مشابہت، کوئی خون کا رشتہ نہ ہو تو اُس کا یہ عمل نہ تو Multiple کی تعریف میں آسکتا ہے اور نہ ہی اِس سے کوئی Culture Media ڈیویلپ ہو سکتا ہے چنانچہ کوئی ایچ آئی وی، کوئی انفیکشن وقوع پذیر نہیں ہو سکتا۔

مردوں کی ہم جنس پرستی (لواطت Gay Marriages) بھی اِسی ذیل میں آتی ہے کیونکہ اِس سے دو مردوں کے ڈی این اے کو باہم فیوز ہونے یعنی ایچ آئی وی بننے کیلئے ایسا کلچر میڈیا دستیاب ہو جاتا ہے جس میں عورت کی کوئی شراکت یا ضرورت نہیں ہوتی۔

اب ہم یہ کہہ سکتے ہیں کہ اگر ہمیں اُس اِنسانیت کو جو اِس انفیکشن کی ابھی شکار نہیں ہوئی، ایک محفوظ اور یقینی راستہ فراہم کرنا ہے تو ہمیں اِس تجزیئے کو قانون کی شکل میں ڈھالنا ہو گا یعنی ایک عورت کے دو مختلف مردوں کے ساتھ اِس تعلق کیلئے تین طہر کے درمیانی وقفے کی شرط کو جس کا نام عدت ہے، پوری دنیا میں قانون کا درجہ دیا جائے تاکہ نسل اِنسانی کی پیدائش کا محفوظ عمل معاشرے کی نگرانی اور ضمانت کے ساتھ جاری رہ سکے۔ اسی طرح جینیاتی مشابہت کا پہلو ہے۔ خون کے رشتوں میں باہم شادی نہ کرنے کا قانون لازم ہے۔ (اسلامی تعلیمات میں اسے محرمات کا نام دیا گیا ہے۔) اسی جینیاتی مشابہت کی ممکنات ختم کرنے کے لیے یہ بھی لازم ہے کہ اگر ایک سے زائد بیویاں ہوں تو ان کا جینیاتی فریم یکساں نہیں ہونا چاہیے۔ بالفاظ دیگر انہیں آپس میں بہنیں نہیں ہونا چاہیے۔

جب معاشرے کو زنا سے تحفظ کی ضمانت ملے گی تبھی آف دی ریکارڈ جینیاتی مماثلت کے ڈی این اے کے فیوز نہ ہونے کی ضمانت بھی ملے گی اور ایڈز سے تحفظ کی بھی۔

***

وومن لبریشن کے نام پر ٹھوکریں

ہم بخوبی جانتے ہیں کہ قدرت نے اِنسان میں جنسی خصوصیت اِس لیے رکھی ہے کہ نسل اِنسانی کی پیدائش و پرداخت کا عمل وقوع پذیر ہوتا رہے۔ اِس ضمن میں قدرت نے جو ترتیب وضع کی ہے اس کا جائزہ لینے پر ہم دیکھتے ہیں کہ عورت اِس عمل میں کلیدی کردار ادا کرتی ہے۔ وہ بچے کو ایک مدت تک نہایت احتیاط سے اپنے پیٹ میں رکھتی ہے، پھر درد کا سامنا کرتے ہوئے اُسے جنم دیتی ہے، اُس کی نشو ونما کی نگرانی اور حفاظت کرتی ہے اور اُس کی خاطر اپنے جسمانی آرام و سکون کی پروا نہیں کرتی۔ وہ بچے کو مامتا، محبت اور شعور دیتی ہے تاکہ اُس کی شخصیت کی تعمیر شروع ہو سکے۔ اِس سارے عمل میں اُس بچے کے باپ کا اس کے ساتھ کوئی نمایاں اشتراک نہیں ہوتا۔ یہاں سوال اٹھتا ہے کہ مرد کے وجود کا مقصد عائلت کیا ہے؟ کیا عورت کے اندر اولاد کا بیج رکھ دینے کے بعد اُس کی ذمہ داری ختم ہو گئی؟؟ کیا یہ ایک احمقانہ تصور نہیں ہو گا؟؟؟

اِس سوال کا درست جواب یہی ہو سکتا ہے کہ جہاں عورت کی ذمہ داری بچے کو ایک طویل اور تکلیف دہ عمل کے بعد جنم دینا اور اُس کی ابتدائی نشو ونما یعنی رضاعت اور اس دوران اُسے مامتا، محبت اور خود شعوری دینا ہے وہاں مرد کی ذمہ داری اُس عورت اور بچے کو کفالتی تحفظ فراہم کرنا ہے تاکہ عورت کی مکمل اور غیر متفکر توجہ نسل اِنسانی کی افزائش اور نگہداشت پر مرکوز ہو سکے۔ اِسی بات کو ہم یوں بھی کہہ سکتے ہیں کہ جہاں مرد کی فطری ضرورت جنسی تعلق ہے وہاں عورت کی فطری ضرورت کفالتی تحفظ کا حصول ہے

جس کی تکمیل نہ ہونے پر وہ فرسٹریشن کی شکار ہو سکتی ہے، جرم پر آمادہ ہو سکتی ہے۔

اگر ہم یہ فرض کر لیں کہ مرد کیلئے عورت کو کفالتی تحفظ فراہم کرنے کی پابندی نہیں ہے تو مرد کی تخلیق کا مقصد ہی بے معنی ہو جاتا ہے۔ یہی وہ احمقانہ غلط تصور ہے جس کی بنیاد پر آج بہت سے نام نہاد مہذب معاشروں میں وومن لبریشن یعنی آزادیٔ نسواں کے نام سے تحریکیں وجود میں آتی اور زور پکڑتی ہیں۔

فطرت کا قانون ہے کہ عورت بچے کو جنم دے اور اُس کی ابتدائی نشوونما یعنی رضاعت کی ذمہ داری سنبھالے جبکہ مرد کی ذمہ داری یہ ہے کہ عورت کو کفالتی تحفظ فراہم کرے۔ اگر عورت پر بیک وقت دونوں ذمہ داریوں کا بوجھ ڈال دیا جائے یعنی نسل اِنسانی کی پیدائش و پرورش اور خود اپنی کفالت اور معاش، تو یہ عمل اِس لیے غیر فطری ہو گا کہ اِنسان کے پاس بیک وقت دو مختلف جگہوں پر ڈیوٹی دینے کی اِستطاعت نہیں ہے۔ یہ مطالبہ ہی فوق البشریت کے دائرے میں آئے گا۔ عقل اِس فلسفے کو تسلیم کر ہی نہیں سکتی کہ مرد کو جس پر نسل اِنسانی کی پیدائش اور لمحہ ابتدائی نشوونما کی کوئی ذمہ داری نہیں ہے، اُس عورت کی کفالتی ذمہ داری سے ہی مبرا قرار دے دیا جائے جو اِس کی نسل کو بڑھانے کیلئے بہت سی جسمانی تکلیف اور آرام و سکون کی قربانی برداشت کر رہی ہے۔

شادی کا تصور بھی اسی بنیاد پر اُستوار ہے۔ مہذب معاشروں وہی ہو سکتا ہے جس میں شوہر کی ذمہ داری یہ ہو کہ بیوی سمیت اپنے تمام اہل خانہ یعنی اولاد کیلئے کفالتی تحفظ فراہم کرے جبکہ عورت کی ذمہ داری یہ ہو کہ وہ نسل اِنسانی کے فروغ کے عمل کو کماحقہٗ سر انجام دے۔

اِس نقطہ نظر کو مان لینے کے بعد ایک وضاحت مزید رہ جاتی ہے، اور وہ یہ کہ معاشرے میں کچھ عورتیں ایسی بھی ہو سکتی ہیں جو بوڑھی ہو چکی ہوں یا بانجھ ہوں تو کیا

اِس صورت میں بھی اُس عورت کی کفالتی ذمہ داری مرد پر عائد ہوتی ہے؟

اِس سوال کا جواب بھی بہت آسان ہے اور اِس کا فلسفہ وہی ہے جو ہر معاشرہ بے روزگاری الاؤنس یا پنشن کیلئے رکھتا ہے کیونکہ یہ تصور کر لیا جاتا ہے کہ اُس فرد نے اپنی ڈیوٹی خاطر خواہ طور پر انجام دی ہے یا دینے کی کوشش کی ہے۔ اِس کا مطلب یہ ہے کہ کوئی فرد چاہے اپنی ڈیوٹی دے چکے یا دینے سے معذور ہو تو ہر صورت وہ اُس نعم البدل کا مستحق ہے جو اُسے ڈیوٹی کی صورت میں ملنا تھا۔ یہی فلسفہ ہم ایک عورت کی فطری ڈیوٹی کیلئے بھی متعین کریں گے۔ اگر وہ بوڑھی یا بانجھ ہو یا کسی دیگر جسمانی یا ذہنی مجبوری کی بناء پر عارضی یا مستقل طور پر اپنی فطری ڈیوٹی سے دور ہو گئی ہو تو بھی اُس سے کفالتی تحفظ وصولنے کا حق نہیں چھینا جا سکتا۔ عورت کو اپنے لیے کفالتی تحفظ خود پیدا کرنے پر صرف اسی صورت میں مجبور کیا جا سکتا ہے جب وہ اپنی فطری ڈیوٹی یعنی نسل اِنسانی کی پیدائش یا پرداخت کے عمل سے انکار کر دے۔

تاریخ کا جائزہ لینے پر ہم دیکھتے ہیں کہ ماضی قریب میں ایسا ہی ایک قانون جس کے مطابق عورت کا معاشی اِنحصار مرد پر تھا، تقریباً تمام معاشروں میں مروج تھا مگر ہم یہ بھی دیکھتے ہیں کہ شخصی آزادی اور بنیادی اِنسانی حقوق کے شعوری اِرتقاء کے ساتھ ساتھ یہ قانون ناکام ثابت ہونے لگا اور وومن لبریشن کی تحریک وجود میں آئی۔

اِس قانون کی جو بادیٔ النظر میں فطرت کے قریب محسوس ہوتا ہے، ناکامی کی وجوہات کیا ہیں؟ اِسے سمجھنے کیلئے پہلے اُن اعداد و شمار اور نتائج پر ایک نظر ڈالنا مناسب ہو گا جو ردعمل کی اِس تحریک آزادیٔ نسواں کے مختلف مراحل اور ثمرات کی صورت میں ہمارے سامنے آئے۔ اس کے ساتھ ساتھ ہم اس قانون کا تجزیہ بھی کرتے رہیں گے۔

فرداً فرداً ہر معاشرے کا جائزہ لینا ممکن نہیں لہٰذا یہاں صرف امریکی معاشرے کو

زیر نظر لایا گیا ہے جہاں اِس تحریک کی اِبتدا اور اِنتہا ہوئی۔

آفتاب اقبال اپنے سفر نامہ "سیٹ بیلٹ" میں لکھتے ہیں۔

امریکہ میں امن وامان قائم رکھنے اور اِنسدادِ جرائم کیلئے دنیا کا جدید ترین اور منظم ترین نظام موجود ہے لیکن پھر بھی نیویارک میں اوسطاً ہر تین منٹ بعد ایک قتل اور ڈیڑھ منٹ بعد چوری یا ڈکیتی کی واردات ہو جاتی ہے۔ صرف واشنگٹن ڈی سی میں جرائم کا گراف اِس قدر تیزی سے بلند ہو رہا ہے کہ اوسطاً ہر گھنٹے کے دوران عورتوں پر ہونے والے مجرمانہ حملوں کی تعداد پچیس سے زیادہ ہو چکی ہے۔ اِن حملوں کا شکار ہونے والیوں کی عمریں پانچ سے پچھتر سال تک ہیں۔ یاد رکھنا چاہیے کہ بہت سی وارداتیں جو رپورٹ نہیں ہوتیں، اِن کے علاوہ ہیں۔

یہ وہ معاشرہ ہے جہاں آج سے تقریباً تیس برس قبل وومن لبریشن کا تصور ایک تحریک کی شکل میں پروان چڑھا۔ ممکن ہے کہ اِس اِنقلاب کے بانی قابل احترام سمجھے جائیں، اِس لیے کہ عورت کی حالت بہتر بنانے کیلئے اٹھ کھڑے ہونا بہر حال ایک قابل قدر جذبہ ہے، لیکن ان سے حماقت یہ سرزد ہوئی کہ وہ اِس کوشش میں فطری تقاضوں سے صرفِ نظر کر بیٹھے۔ ان کی رائے میں عورت کے اِستحصال کا سبب یہ تھا کہ اُس کا معاشی انحصار مرد پر تھا۔۔۔ اور یہی وہ اکتسابی غلطی تھی جس نے اِس تحریک کو ٹریجڈی بنا دیا۔

اُس دَور میں عورت اور مرد کے باہمی سماجی تعلقات کا عمومی منظر کچھ اِس قسم کا تھا کہ باپ یا شوہر خود تو اپنے لیے ہر قسم کی خرافات، فحاشی، بدکرداری، عیاشی روا رکھتا مگر گھر پہنچ کر بیوی یا بیٹی پر نت نئی پابندیاں عائد کرتا، غیر مردوں سے بات کرنے پر بھی ڈانٹ ڈپٹ کرتا، مختلف بہانوں سے ان کا خرچ بند کر کے معاشی آمریت کا مظاہرہ کرتا

اور انہیں اپنے سامنے گڑگڑانے پر مجبور کرتا، غصے کا اظہار کرنے اور جھڑکنے یا زدو کوب کرنے کے بہانے ڈھونڈتا اور ہر لمحہ عورت کو بے بسی اور بیچارگی کا احساس دلاتا۔

اِس کے نتیجے میں وومن لبریشن یعنی تحریک آزادیٔ نسواں کی ابتدا ہوئی۔ امریکی حکومت فلاحی معاشرے کے اصول پر افراد کو بے روزگاری الاؤنس کا تحفظ دے ہی چکی تھی چنانچہ قانونی طور پر بالغ ہوتے ہی عورت کیلئے یہ ممکن ہو گیا کہ وہ اپنے ڈکٹیٹر باپ کو آنکھیں دکھا سکے۔ اِسی طرح شوہر کو بھی آنکھیں دکھانا گویا طے ہو گیا۔ اِس کا منطقی نتیجہ یہی نکلا کہ ڈکٹیٹر مرد اور اس پر معاشی انحصار رکھنے والی عورت کا ایک ہی چھت کے نیچے رہنا ممکن نہ رہا چنانچہ اِس سے پہلے کہ وہ مرد جس پر اُس عورت کی کفالت کا انحصار تھا، اُسے گھر سے نکالتا، وہ خود ہی گھر چھوڑنے پر تیار ہو جاتی۔ دوسری طرف اِس تحریک نے گھر سے بھاگنا جرم کے دائرے سے باہر کر دیا چنانچہ اِس عمل میں احساسِ جرم اور ضمیر بھی رکاوٹ نہ رہا۔ بوائے فرینڈ کے ساتھ رہنا ایک عام سی بات ہو گئی کیونکہ بنیادی حقوق اور شخصی آزادی کے نام پر بننے والے قوانین نے شادی کے بغیر ہی ازدواجی زندگی کو جائز ٹھہرا دیا تھا۔ اس طرح عورت کے ایک IntraMenstrual Period کے دوران ایک سے زیادہ مردوں سے جسمانی تعلق کو قانونی تحفظ مل گیا۔

یہ ایک ایسا لمحہ تھا جب مغرب کی عورت نے اِس حقیقت سے آنکھیں موند لیں کہ وہ مرد کے چنگل سے نکلنے کیلئے فطرت سے بغاوت کا مہلک فیصلہ کر بیٹھی ہے۔

مختصر یہ کہ اُس دور میں جنسی اِنقلاب نے سر اٹھایا جس کا لب لباب یہ تھا کہ اِنسانوں میں جنس کے نام پر کوئی تفریق نہیں ہے، یعنی یہ فرض کر لیا گیا کہ عورت اور مرد میں جنسی طلب کی حیثیت یکساں ہے اور عورت کو بھی حق حاصل ہے کہ وہ اپنے لیے جس طرح کی روش مناسب سمجھے، اِختیار کرے۔ اُس نے سوچا کہ ہر عیاشی اور ہر آزادی جسے

وہ بچپن سے مرد کے تصرف میں دیکھتی آئی ہے، اب وہ خود اِس سے لطف اندوز ہو گی۔

قدرتی طور پر یہ تحریک مردوں کے نوجوان طبقے میں مقبول ہو گئی۔ مرد جانتا تھا کہ عورت حصولِ حقوق کے جوش میں اِس پر کفالتی انحصار کی ڈور توڑ کر بے سہارا اور غیر محفوظ ہو چکی ہے اور اب اپنے مستقبل سمیت مرد کے رحم و کرم پر ہے۔ اُس نے اقدار بدل ڈالیں اور عورت کو سہل الحصول بنانے کیلئے نئی سماجی لغت ترتیب دی جس میں بری باتوں کو عین جائز اور درست قرار دے کر ان کا پرچار شروع کر دیا۔ کچھ ہی دیر میں اِن غیر فطری اقدار کے نتائج مرتب ہونا شروع ہو گئے اور بیوقوف عورت آزادیٔ نسواں کی خوش فہمی میں مرد کا کھلونا بن گئی چنانچہ مرد نے فراوانی کی وجہ سے کیلنڈر کے اوراق کی طرح عورتیں بدلنا شروع کر دیں۔ وہ تو اپنی قدرتی بناوٹ کی وجہ سے بہر حال نیا رہتا لیکن عورت پے در پے تبادلوں کی تاب نہ لا کر بد شکل ہونے لگی۔ حصولِ حقوق کی سرخوشی نے اُسے با قاعدہ گھر بسانے کے خیال سے غافل رکھا اور جب ہوش آیا تو وہ مرد کیلئے بطور بیوی قابل قبول نہیں رہی تھی۔

اُس آزاد عورت کی اگلی نسل نے اِس سے سبق سیکھنے کی کوشش کی لیکن فطرت کا قانون وہ بھی نہیں سمجھ سکی۔ اُس نے رائے قائم کی کہ اپنے آئیڈیل مرد سے ایسی شادی کرنے کیلئے جس میں اُس کی آزادی کے حقوق قائم رہیں اور اُس کا شوہر اُس کو کوئی حکم نہ دے سکے، ایسی شادی کیلئے مرد کی سماجی برابری لازم ہے تاکہ اُس پر کفالتی انحصار نہ کرنا پڑے اور ایسی برابری کیلئے اُس جیسا معاشی مقام حاصل کرنا ضروری ہے۔ یہ مقام اعلیٰ ذریعہ معاش سے ملتا ہے اور اُس کیلئے اعلیٰ تعلیم کی ضرورت ہے جس کیلئے وقت اور سرمایہ دونوں درکار ہیں۔ یوں اُس نے یہ حکمت عملی اِختیار کی کہ والدین جہاں تک برداشت کریں، تعلیم کیلئے ان سے سرمایہ اینٹھا جائے اور کوئی پارٹ ٹائم جاب کے ذریعے سرمائے

کی ممکنہ کمی پوری کی جائے یعنی بھرپور توجہ کریئر Career بنانے پر صرف کی جائے اور جب تک یہ منزل سر نہ ہو، اُس وقت تک گھر بسانے کا پروگرام موخر رکھا جائے۔ ظاہر ہے اِس صورت میں اُس کے پاس اپنی فطری ڈیوٹیوں یعنی نسل اِنسانی کی پیدائش اور پرورش کو وقت پر ادا کرنے کی کوئی صورت نہیں تھی۔

آج بھی یہی صورت حال ہے، جو عورت اپنا سوشل سٹیٹس بلند کرنے کی کوشش میں دولت کمانے کیلئے ہاتھ پیر مارتی ہے اُسے صحیح وقت پر اپنا گھر اپنی جنت نہیں ملتی اور اُسے مامتا کی قربانی دینا پڑتی ہے۔ جو سٹیٹس کی پروا نہیں کرتی وہ احساسِ کمتری کی شکار رہتی ہے اور جو دونوں باتیں ایک ساتھ نبھانا چاہتی ہے اُس کیلئے مسائل کی بھرمار ہو جاتی ہے اور وہ ایک ذمہ داری بھی کماحقہ ادا نہیں کر پاتی جس سے مزید الجھنیں نمودار ہو جاتی ہیں۔

چند برس قبل پرنسٹن یونیورسٹی کے شعبہ عمرانیات نے ایک تفصیلی جائزہ شائع کیا جس میں چند سنسنی خیز حقائق کی نشاندہی کی گئی۔

اِس جائزے کے مطابق امریکہ میں عورتوں کی آبادی بڑھ کر کل آبادی کے ساٹھ فیصد سے زائد ہو گئی ہے۔ اکثریت ایسی خواتین کی ہے جو اعلیٰ تعلیم کیلئے کوشش کرتی ہیں۔ گریجوایشن کے بعد اعلیٰ ڈگری حاصل کرنے میں تین چار برس لگ جاتے ہیں۔ اگر یہ ڈگری کسی تحقیق سے متعلق ہو تو اِس سے بھی زیادہ مدت درکار ہوتی ہے چنانچہ اعلیٰ تعلیم کے مکمل ہوتے ہوتے عورت کی عمر اٹھائیس انتیس برس ہو جاتی ہے اور خاطر خواہ ملازمت کی تگ و دو میں سر میں چاندی جھلملانے لگتی ہے یعنی وہ تیس کی عمر پھلانگ کر زندگی کے چوتھے عشرے میں قدم رکھ چکی ہوتی ہے۔

ملازمت حاصل ہونے پر اُس کی باعزت معاشرتی مقام حاصل کرنے کی ضرورت تو

کسی حد تک پوری ہو جاتی ہے لیکن اُس وقت تک ایک نیا مسئلہ کھڑا ہو چکا ہوتا ہے۔ پرنسٹن یونیورسٹی کے اِس جائزے کے مطابق امریکی عورت اٹھائیس اور اکتیس برس کے درمیان اپنی قدرتی زرخیزی عدم اِستعمال کی وجہ سے اِس حد تک کھو دیتی ہے کہ اُس کے ماں بننے کے امکانات نصف رہ جاتے ہیں اور اگر عمر چونتیس سے زیادہ ہو جائے تو یہ امکانات صرف پانچ فیصد رہ جاتے ہیں۔ یاد رہے کہ یہ جائزہ ٹھوس میڈیکل بنیادوں پر قائم ہے۔

ایک معروف ماہنامے "دی فیملی" نے انکشاف کیا ہے کہ ان بیس برسوں کے دوران جب جنسی اِنقلاب نے معاشرے میں پذیرائی حاصل کی تھی، طلاق کی شرح میں ایک سو ترانوے فیصد اضافہ ہوا۔

اِس جائزے سے نسوانی ذہنی اور جسمانی بناوٹ کے تناظر میں جو نتیجہ نکھر کر سامنے آتا ہے وہ یہ ہے کہ عورت پر ضروریاتِ زندگی بشمول معاشرتی اعلیٰ مقام یعنی برتری کی ضرورت کی اپنے لیے فراہمی کا بوجھ ڈالا ہی نہیں جاسکتا۔ دوسری طرف اگر مرد کو عورت کی کفالت سے مستثنیٰ قرار دے دیا جائے تو اُس کا وجود ہی بے مقصد ٹھہرتا ہے لہٰذا اِس فطری حقیقت کو تسلیم کیے بغیر کوئی چارہ نہیں کہ عورت کو اِنسان کی پیدائش اور نشوونما کی ذمہ داری سنبھالنا ہے اور مرد کو اِس عمل کو بیرونی تحفظ دینا یعنی عورت اور بچے کو ضروریات زندگی فراہم کرنا ہے۔ بعض مہذب معاشروں میں شادی کا یہی مفہوم ہے۔

اب ہم اُن وجوہات کی طرف آتے ہیں جن کی وجہ سے وومن لبریشن کی تحریک ابھری۔ ہمیں اُس عائلی قانون میں موجود نقائص کا تجزیہ کرنا ہے جو بظاہر مرد اور عورت میں ذمہ داریوں کی تقسیم فطری انداز میں کرتا ہوا محسوس ہوتا تھا مگر معاشرے میں بری طرح ناکام ہوا۔

ہم دیکھ چکے ہیں کہ اُس قانون کے تحت وضع ہونے والی سماجی ترتیب یہ ہے کہ عورت کے پاس کفالتی تحفظ حاصل کرنے کا راستہ صرف ایک ہوتا ہے، شادی کے بعد وہ باپ یا سرپرست کے زیر کفالت رہتی اور شادی کے بعد شوہر کے دیئے ہوئے کفالتی تحفظ پر زندگی گزار دیتی ہے۔ اگر کسی وجہ سے اُس کا سرپرست یا شوہر اُس کی ضروریات زندگی کو تسلی بخش طریقے سے پورا نہ کرے تو اُس کے پاس کوئی ایسا متبادل راستہ نہیں ہے جس کے ذریعے اُسے معاشرے میں کوئی دوسرا مساویانہ کفالتی تحفظ فوراً مہیا ہو سکے۔

یہی وہ نکتہ تھا جسے ہم نے سمجھنے میں غلطی کی اور اِس غلطی کا نتیجہ یہ نکلا کہ قانون میں عورت کو متبادل راستہ تو کیا فراہم ہوتا، الٹا مرد کو عورت کی کفالت سے بچنے کا جواز مل گیا۔ کئی معاشروں میں یہ قانون بنا دیا گیا کہ عورت اپنے کفالتی تحفظ کی خود ذمہ دار ہے جبکہ بچے کو پیدا کرنا اُس کی اپنی صوابدید پر ہے۔ اب فطرت کی خصوصیت یہ ہے کہ وہ تسخیر نہیں ہو سکتی، آپ کے خود ساختہ بنیادی حقوق اور ان پر مبنی قوانین کچھ بھی کہتے رہیں، اگر وہ غیر فطری ہیں تو منفی نتائج ضرور سامنے آئیں گے جیسا کہ قبل ازیں جائزہ لیا جا چکا ہے۔

یہاں اِس امر کی وضاحت ضروری ہے کہ اِس بحث کا مقصد عورت کو روزگار حاصل کرنے سے روکنا نہیں ہے۔ اُسے پورا حق ہے کہ وہ معاشرے میں جس حیثیت کو اِختیار کرنا چاہے، اُسے کوئی روک نہیں سکتا۔ اگر کوئی عورت نسل اِنسانی کے فروغ کی ذمہ داری اٹھانا نہیں چاہتی اور نہ ہی کفالتی تحفظ کی طلب گار ہے تو ظاہر ہے کہ اُسے اِس کا پورا حق حاصل ہے۔ اِسی طرح اگر کوئی عورت اِنسانی نسل کو فروغ دینے کی فطری ڈیوٹی انجام دیتے ہوئے یا حتی المقدور حد تک دے چکنے کے بعد معاشی میدان میں بھی کوئی ایسی کارکردگی دکھانا چاہتی ہے جس سے اُس کی فطری ڈیوٹی (اگر وہ دے رہی ہے تو) متاثر نہ

ہو، تو بھی اُسے اِس سے روکا نہیں جاسکتا۔ اِس بحث سے تو صرف یہ واضح کرنا مقصود ہے کہ عورت کو اِس امر یعنی معاشی ذمہ داریوں پر مجبور نہیں کیا جاسکتا۔ اگر وہ فطری ڈیوٹی کو ڈسٹرب کیے بغیر اپنی خوشی سے انہیں اٹھانا چاہتی ہے تو ظاہر ہے کہ یہ اُس کی قابلیت اور عظمت ہی تصور کی جاسکتی ہے، مجبوری نہیں۔ اسے اپنے لیے ذریعہ معاش پیدا کرنے کیلئے صرف اسی صورت میں مجبور کیا جاسکتا ہے جب وہ نسل انسانی کی پیدائش یا پرورش کی ذمہ داریاں اٹھانے سے انکار کر دے۔

اب ہم سمجھ چکے ہیں کہ دنیا میں عورت اور مرد کی ذمہ داریاں اگرچہ مختلف ہیں مگر عظمت اور اہمیت کے اعتبار سے کسی کو دوسری پر ترجیح نہیں دی جاسکتی۔ فطرت کا اصول ہے کہ عورت جب نسل اِنسانی کے فروغ کی ذمہ داری نبھاتی ہے تو مرد اِس عمل کو بیرونی تحفظ دیتا ہے اور اِسے قلعہ بند کرتا ہے تاکہ مسائل اِس عمل تک نہ پہنچ سکیں۔ یہ دونوں ذمہ داریاں زندگی کی گاڑی کے دو پہیے ہیں اور دونوں کی حیثیت برابر ہے مگر ہم دیکھتے ہیں کہ ضروریاتِ زندگی کی اس فراہمی کے ردعمل میں مرد خود کو عورت سے برتر سمجھنے لگتا تھا اور ڈکٹیٹر بن بیٹھتا تھا اور کئی معاشروں میں اب بھی یہی کیفیت ہے جو کہ بلاشبہ ناقابل برداشت بھی ہے اور غیر فطری بھی، چنانچہ آزادی نسواں یا اِس سے ملتی جلتی تحریکوں کو جنم دینے کا باعث بنتی ہے۔

آیئے مرد کی اِس منفی سوچ کی وجوہات کو سمجھیں۔ ا۔ اِس کی پہلی وجہ تو وہی ہے جو برتری کی ضرورت کے ضمن میں بیان ہو چکی ہے یعنی مرد یہ سمجھتا ہے کہ اُسے کفالتی ذمہ داریوں کو نبھانے میں جس قدر دشواریوں کا سامنا ہے وہ عورت کی ذمہ داریوں کی مشقت سے زیادہ ہیں لٰہذا وہ عورت کی نسبت عظیم تر ہے۔ اِس کا مطلب یہ ہے کہ اگر معاشرے میں برتری اور افضلیت کا معیار دولت مندی کی

نمائش نہ ہو بلکہ اِخلاقی اقدار بن جائیں تو مرد کیلئے کفالتی ضروریات کی فراہمی معمولی بات ہو جائے اور یوں اُس کی لاشعوری سوچ جو اُسے عورت سے زیادہ مشکل ذمہ داریاں سنبھالے ہونے کا احساس دلاتی ہے، ختم ہو جائے۔

۲۔ میڈیکل سائنس کے نظریات میں یہ غلط مفروضہ شامل کر دیا گیا کہ جنسی تعلق کی صورت میں مرد اور عورت ایک دوسرے کی ضرورت پوری کرتے ہیں۔ یہ مفروضہ قدرتی طور پر مرد کے ذہن میں یہ سوال اٹھاتا ہے کہ اگر اِس تعلق سے دونوں نے ایک دوسرے کی ضرورت پوری کی تو حساب برابر ہو گیا، اب وہ اگر اولاد پیدا نہیں کر رہا تو عورت کو کفالتی تحفظ کیوں فراہم کرے؟ اِس سوچ کے ردِ عمل میں وہ کفالت کے عوض عورت کا آقا بن جاتا ہے۔

دوسری طرف حقوقِ نسواں کے نام پر اِس طرح کے قوانین نافذ کر دیئے جاتے ہیں جن کے مطابق شوہر کیلئے اپنی بیوی سے بھی جسمانی تعلق قائم کرنے کے لیے ہر مرتبہ اُس کی اجازت اور رضامندی حاصل کرنا لازم ٹھہرتا ہے ورنہ اُس کا یہ فعل قانون کی نظر میں جبری آبروریزی Rape کا جرم شمار ہوتا ہے۔ اِس طرح کے قوانین کے باعث جھلائے ہوئے مرد کی طرف سے معاشرے میں شادی کے رجحان کی حوصلہ شکنی ہونے لگتی ہے جس سے عورت کے فرسٹریٹڈ ہونے کے امکانات اور بڑھ جاتے ہیں۔ اگر فساد کی جڑ یعنی میڈیکل سائنس کا غلط مفروضہ نکال باہر پھینکا جائے اور یہ تصور کر لیا جائے کہ جسمانی تعلق مرد کے لیے تو بنیادی ضرورت ہے لیکن عورت کی طرف سے مرد کے لیے ایک "عطا" کا درجہ رکھتا ہے تو شادی کی صورت میں مرد کی طرف سے عورت کو فراہم ہونے والا کفالتی نعم البدل، اپنے ساتھ فطری جسمانی تعلق کا کلی اِختیار مرد کو عطا کرنے کے عوض عورت کا حق ٹھہرے گا تب نہ تو احسان مند مرد کی آمریت یا آقائیت

کی ممکنات رہیں گی اور نہ ہی اپنا حق وصول کرنے والی عورت کو وومن لبریشن کے نام پر مفاد پرست عناصر اِستعمال کر سکیں گے۔

۳۔ ہم سمجھ چکے ہیں کہ قدرت نے عورت اور مرد کی سماجی ذمہ داریاں ایک دوسرے سے مختلف رکھی ہیں اور اِسی مقصد کیلئے دونوں کے جسموں کو ان کی ضرورتوں کے مطابق بنایا ہے۔ مرد کو معاش کا اہل رکھنے کیلئے اس کی جسمانی ساخت اور ذہنی طرزِ فکر کو سخت اور ٹھوس بنایا اور عورت کو نسل اِنسانی کے فروغ کی اہلیت دینے کیلئے اس کے جسم اور ذہن میں لچک اور نرمی رکھی۔ مرد کے ڈِکٹیٹر شپ کی طرف مائل ہونے کی ایک وجہ یہی ہے کہ وہ خود کو جسمانی قوت میں عورت سے برتر پاتا ہے۔ چند صفحات پہلے ہم اِس امر پر غور کر رہے تھے کہ مرد میں جنس کو ضرورت کیوں بنا دیا گیا جبکہ عورت میں اِس کی حیثیت بنیادی ضرورت کی نہیں ہے؟ اب اِس اِمتیاز کی وجہ آسانی سے سمجھ میں آ سکتی ہے۔ قدرت نے عورت کو مرد کی جسمانی قوت سے محفوظ رہنے کیلئے ایک پلس پوائنٹ دیا ہے مگر یہ پوائنٹ اِس قدر بڑا اور شدید ہے کہ اگر بات یہاں ختم کر دی جاتی تو فطرت کے توازن کا پلڑا عورت کے حق میں بھاری پڑ جاتا۔ اگر جنس کو مرد کیلئے بنیادی ضرورت لیکن عورت کیلئے بے معنی بنا دیا جاتا تو عورت اپنی تمام تر جسمانی کمزوری کے باوجود نہ صرف مرد پر ڈِکٹیٹر بن بیٹھتی بلکہ نسل اِنسانی کی پروڈکشن سے ہی انکار کر دیتی لہٰذا اِس سے عورت کو باز رکھنے کیلئے اُس کی جنسی لذت میں مرد کے مقابلے میں کئی گنا اضافہ کر دیا گیا۔ اِس طرح یہ امر عورت کیلئے زندگی کی اہم اور قابل ذکر خواہش کا درجہ تو حاصل کر گیا لیکن فرسٹریشن کا سبب بننے والی بنیادی ضرورت نہ بنا۔ اگر مرد کے سامنے اِس پلس پوائنٹ کی حقیقی تصویر آ جائے تو اُس کا اپنی جسمانی قوت کے بالاتر ہونے کا احساس معدوم ہو جائے۔

اِس ساری ترتیب کا مقصد صرف یہ تھا کہ نسل اِنسانی کی پیدائش بھی ہوتی رہے اور عورت اور مرد کی معاشرتی برابری بھی قائم رہے۔ اگر ہم اِس بنیادی اصول پر کہ جنسی تعلق مرد کیلئے عورت کی طرف سے ایک "عطا" ہے، قوانین وضع کرتے تو بھی مرد کو ڈِکٹیٹر شپ کا راستہ فراہم نہ ہوتا جو عورت کے اِستحصال کا سبب بنا۔

اب ہم یوں کہہ سکتے ہیں کہ ایک فطری قانونِ عائلت وہی ہو سکتا ہے جو مرد کو عورت سے یہ تعلق قائم کرنے کا غیر مشروط حق دے اور اِس کے عوض عورت کو مرد سے اِس کا کفالتی نعم البدل وصول کرنے کا حق دے۔

بعض معاشروں میں شادی کا تصور بھی یہی ہے مگر ہماری کم عقلی یا ہمارے قانون ساز اِداروں کی مفاد پرستی یہ رہی کہ شادی کے اِس تصور کو نہایت محدود کر دیا گیا۔ اب شادی کا مفہوم نہ صرف یہ کہ ہر معاشرے میں مختلف ہے بلکہ کہیں بھی نقائص سے مبرا، وسیع اور ہمہ گیر نہیں ہے۔ یہی وجہ ہے کہ شادی شدہ مرد بھی اپنی اِس ضرورت کی تکمیل کے لیے مثبت راستہ دستیاب نہ ہونے پر چور دروازہ ڈھونڈتا رہتا ہے خواہ اُسے یہ دروازہ کسی جرم کے ذریعے ہی کیوں نہ ملے۔

شادی کا ایک دوسرا فطری تصور معاہدۂ روزگار پر مبنی بھی ہو سکتا ہے جس میں شوہر آجر کی سی حیثیت رکھتا ہے۔ وہ بیوی سے جسمانی تعلق کی خدمت "وصول" کرتا ہے اور اولاد کی ابتدائی پرورش کی خدمات لیتا ہے اور اِس کے عوض کفالتی نعم البدل ادا کرتا ہے۔

اب غور طلب پہلو ہمارے سامنے یہ ہے کہ اگر یہ دوسرا معاہدہ جو ایک روزگار کی مانند ہے اور جس میں شوہر کی حیثیت ایک آجر کی سی ہے تو اِس میں شوہر کو اِس امر پر کس طرح راغب کیا جائے کہ وہ اپنی بیوی کو اُس کی خدمات یعنی جسمانی تعلق اور اولاد کی شیر خوارگی کا یہ نعم البدل کسی داشتہ کی طرح رقم کی صورت میں نہیں بلکہ مکمل مساویانہ

کفالتی تحفظ کی صورت میں ہی ادا کرے تاکہ عورت کی اصل ضرورت کی تکمیل ہو سکے؟ ہم اِس معاہدے میں مرد کیلئے کیا کیا ترغیب متعین کر سکتے ہیں؟۔۔۔یاد رکھنا چاہیے کہ ہم مسلمہ بنیادی اِنسانی حقوق کے تقاضے کے مطابق مرد کو اِس امر پر یعنی عورت کو صرف مساویانہ کفالتی تحفظ ہی دینے پر مجبور نہیں کر سکتے کیونکہ اِس مجبوری کے ردعمل میں وہ بدستور چور دروازے تلاش کرتا رہے گا اور آزادیٔ نسواں اور انسانی حقوق جیسے نعروں کے ذریعے شادی کے بغیر عورت تک رسائی کے جواز پیدا کرتا رہے گا جس سے معاشرے میں جنسی جرائم ختم نہیں ہو سکتے۔ ہمیں اُس کو اس کفالتی معاہدے پر بصد ذوق و شوق آمادہ کرنے کیلئے ویسی ہی غیر معمولی ترغیب ڈھونڈنا ہو گی جیسی ہم نے برتری کی ضرورت کے ضمن میں آجر کیلئے ڈھونڈی تھی۔۔۔ اور ظاہر ہے کہ اِس ترغیب کا ماخذ عورت کی ذات ہی ہو سکتی ہے۔ یہ تمام جستجو ہمارے موضوع کا حصہ ہے جو انہی صفحات میں بتدریج آپ کے زیر نظر آئے گی۔

۴۔ مرد کی ڈکٹیٹر شپ کو اِختیار کرنے کی چوتھی وجہ یہ ہے کہ مروجہ تصورِ عائلت میں عورت اُس کی نام نہاد کفالتی سہولت کو قبول کرنے پر مجبور ہے۔ اگر وہ اِس سہولت سے غیر مطمئن ہو کر اُسے چھوڑ کر چلی جائے تو معاشرتی قانونی نظام میں فوری متبادل راستہ موجود نہ ہونے پر اپنے لیے ضروریاتِ زندگی یعنی خاطر خواہ کفالت کی تلاش میں اُس کا حشر ہو جائے گا۔ یہ بات عورت بھی جانتی ہے لہٰذا وہ مجبور اور پھر فرسٹریشن کی شکار ہوتی رہتی ہے، کم عقلی کی وجہ سے وومن لبریشن جیسی تحریکیں چلاتی اور پھر ٹھوکریں کھاتی رہتی ہے۔

اِس کی وجہ بھی وہی ہے کہ ہم نے شادی کے تصور کو محدود کر دیا ہے۔ اگر ہم ایک ایسی شادی کی بھی قانونی آزادی حاصل کر سکیں جو معاہدۂ روزگار کی مانند تصور ہو اور اِس

کے تحت آجر شوہر بیک وقت ایک سے زیادہ اجیر بیویوں کو مساویانہ کفالتی تحفظ فراہم کرنے کا مختار ہو تو عورت کی اِس مجبوری کی کوئی ممکنات نہیں رہیں گی۔ وہ جانتی ہو گی کہ اگر اُس کے شوہر کا رویہ حاکمانہ اور ظالمانہ ہو گیا یا کفالتی معیار میں مساوات کا توازن بگڑا تو اُسے کفالتی تحفظ حاصل کرنے کے لیے دوسرا شوہر یعنی کفیل آجر تلاش کرنے میں کسی دِقت یا تاخیر کا سامنا نہیں کرنا پڑے گا اِس لیے کہ اُس عورت کے ساتھ یہ عائلی معاہدہ کرنے کیلئے بہت سے نیک سیرت شادی شدہ مرد بھی تیار ہوں گے کیونکہ معاشرے میں کسی شادی شدہ مرد پر یہ پابندی نہیں ہو گی کہ وہ چونکہ پہلے ہی اپنی ایک بیوی کو یہ کفالت فراہم کر رہا ہے لہٰذا اہل اور طلبگار ہونے کے باوجود کسی اور عورت کے ساتھ یہ معاہدہ نہیں کر سکتا۔۔۔ یہ بات چونکہ اُس کا ظالم شوہر بھی جانتا ہو گا لہٰذا اُس کی حیوانی جبلت کو بھی جو اُسے ڈکٹیٹر بننے پر اکساتی ہے، نکیل پڑی رہے گی اور یہی اِس عورت کا اصل ہدف ہے۔ اِس سے یہ وضاحت بھی ہو جاتی ہے کہ اِس دوسرے انداز کی شادی کی مرد کو غیر مشروط اجازت دے دینے سے معاشرے میں سوکنیں نہیں بڑھ جائیں گی بلکہ اِس کے نتیجے میں صرف یہ ہو گا کہ بیوی پر ظلم کرنے والے کمینہ خصلت شوہروں کا رویہ درست ہو جائے گا کیونکہ دوسری صورت میں ایسے مرد کو دھتکارنا عورت کیلئے آسان ہو چکا ہو گا اور پھر گھر گرہستی جیسی نعمت سے وہی محرومی ان مردوں کا مقدر ٹھہرے گی جس کے وہ ایک فطری اور جنت نظیر معاشرے میں سزاوار ہونے چاہئیں چنانچہ اِس محرومی سے بچنے کا طریقہ ان کے پاس یہی ہو گا کہ وہ اپنا رویہ اور وتیرہ درست کر لیں اور بیوی کو اپنے رویے کے بارے میں کوئی شکایت نہ ہونے دیں۔ اِس تصور کا وضاحتی منظر نامہ آئندہ ابواب میں زیر نظر آئے گا۔

۵۔ فطرت نے اولاد کی پیدائش ورضاعت اور گھر کی سنبھال الگ الگ ڈیوٹیاں بنائی

ہیں۔ اِسی بات کو ہم یوں بھی کہہ سکتے ہیں کہ اگر کوئی عورت کسی وقت ایک بچے کو پیٹ میں اور دیگر بچوں کو گھر میں روز مرہ تربیت کی پرورش اور نشوونما دے رہی ہے تو اِس کا مطلب ہے کہ وہ ڈبل ڈیوٹی انجام دے رہی ہے۔ اسی طرح اگر کوئی عورت اپنے شوہر کیلئے اُس کے ایک بچے کے حمل اور پیدائش اور دوسرے بچوں کی پرورش کے ساتھ ساتھ اُس کا گھر بھی سنبھالتی ہے یعنی اُس کیلئے گوندھنا پکانا، دھونا ستھرانا بھی کر رہی ہے تو وہ ٹرپل ڈیوٹی انجام دے رہی ہے اور یہ ڈیوٹیاں مرد کا اُس پر حق نہیں ہے بلکہ اُس کا اپنے مرد کیلئے ایثار ہے، لیکن یہ فطری اصول خود عورت نے قانون کا حصہ بننے نہیں دیا کیونکہ اِس کے نتیجے میں اُس مرد کیلئے جو بیوی سے ایکسٹرا ڈیوٹی نہ کروانا چاہے، دوسری شادی کی قانونی اجازت کا جواز پیدا ہو سکتا تھا۔ اب چونکہ بیک وقت دو تین ڈیوٹیاں کسی نقص اور کمی کے بغیر خاطر خواہ طور پر ادا کرنا اِنسانی اِستطاعت سے باہر ہے لہٰذا ان ذمہ داریوں کی انجام دہی میں عورت کی طرف سے سقم اور کوتاہی ہو جانا تقریباً یقینی ہے اور اِس پر مرد کا اشتعال میں آنا اور ڈکٹیٹر بننا بھی قدرتی امر ہے۔ عورت کے لیے درست طریقہ تو یہ تھا کہ اگر وہ زائد ڈیوٹیاں ادا کرنا چاہتی ہے تو قانونی طور پر مرد کو اِس ایثار کا احساس دلاتی لیکن اُس نے مرد کو اِس طرف متوجہ ہی نہیں ہونے دیا اور جب منفی نتائج مرتب ہوئے تو پناہ حاصل کرنے کیلئے وومن لبریشن کی کانٹوں بھری آغوش ڈھونڈی۔

آج صورت حال یہ ہے کہ مرد کو اپنی جنسی ضرورت پوری کرنے کیلئے عورت کو رضامند کرنے کی شرط کا سامنا ہے۔ وہ عورت کو مختلف طریقوں سے آمادہ کرنے کی کوشش کرتا ہے تاکہ اپنی غرض پوری کر سکے۔ وہ منافقت کا نقاب اوڑھ کر محبت، وارفتگی اور ذہنی ہم آہنگی کا ڈرامہ کرتا ہے تاکہ آخری حد تک رسائی حاصل کر سکے۔ وہ شراب، منشیات اور Aphrodisiacs کا سہارا لیتا ہے تاکہ ایک بہتر مرد کی صورت میں

اُسے متاثر کر سکے۔ وہ جسمانی زبردستی اور Rape کے ذریعے عورت کو مجبور کرتا ہے تاکہ اُس کی رضامندی کی غیر فطری شرط کے خلاف لاشعوری طور پر احتجاج کر سکے۔ اِس ساری تگ ودو کے پیچھے محرک وہی ہے کہ اُس کو اپنی ضرورت پوری کرنے کی راہ میں عورت کی بار بار آمادگی کی کٹھن رکاوٹ کا سامنا ہے۔ اگر کبھی وہ کوشش کر کے یعنی دولت، منافقت، مردانگی یا زبردستی کے زور پر یہ رکاوٹ پھلانگ جائے تو وہ حاصل ہونے والی تسکین کو اِسی پھلانگنے کا عوضانہ سمجھتا ہے اور اِس تسکین کے بدلے میں عورت کو اُس کفالتی تحفظ کی فراہمی ضروری ہی نہیں سمجھتا جو اُس عورت کی اصل ضرورت ہے۔۔۔ اور یہ عین عقلی بات ہے کہ کسی بھی چیز کی قیمت دو مرتبہ ادا نہیں کی جاتی۔ جب ایک مرد کسی طرح عورت کو آمادہ یا مجبور کر کے یہ قیمت ادا کر چکا ہے تو وہ یہ قیمت دوبارہ کیوں ادا کرے گا؟

یہی وجہ ہے کہ وہ وومن لبریشن کے بنیادی فلسفہ یعنی معاشی اور کفالتی انحصار کی اپنی اپنی ذمہ داری پر بخوشی مان گیا کیونکہ وہ بخوبی جانتا ہے کہ کفالتی تحفظ کی فراہمی اور جسمانی تعلق کیلئے عورت کی بار بار رضامندی کی شرائط ایک ساتھ نہیں چل سکتیں۔ وہ عورت کو مساویانہ کفالتی تحفظ صرف اسی صورت میں فراہم کرنے پر آمادہ ہو سکتا ہے جب عورت کے ساتھ جسمانی تعلق کا اِسے ہر وقت حق حاصل ہو اور اِس میں اُس عورت کا "موڈ" موافق ہونے کی قانونی اہمیت نہ ہو۔۔ اور یہ تصور صرف اُسی شادی کے نظریئے میں موجود ہو سکتا ہے جس کے مطابق مرد کو اِس تعلق اور اولاد کی پیدائش و رضاعت کے بدلے میں اُسے مساویانہ کفالتی تحفظ فراہم کرنا ہوتا ہے۔ اگر عورت اِن دونوں اُمور یعنی شوہر کے ساتھ جسمانی تعلق یا اولاد کی پیدائش اور ابتدائی پرورش میں سے کسی امر کا اِختیار اپنی مرضی اور صوابدید پر رکھنا چاہے گی اور یہ کہے گی کہ بچہ پیدا

کرنے یا نہ کرنے کا اِختیار میرا ہے، تو فطری طور پر مرد سے کفالتی تحفظ وصولنے کا اِستحقاق کھو دے گی۔ یہ تو ہم دیکھ ہی چکے ہیں کہ کسی ایک طویل مدت کیلئے بھی دنیا کے "ہر" مرد کا ایک ہی عورت تک محدود رہنا اور اِس کے باوجود پر سکون رہنا ممکن نہیں اور یہ بھی کہ ہمارے معاشروں میں مروجہ شادی کا تصور اِس مقصد کیلئے کافی نہیں ہے۔

اگر ہم ایک ایسا قانون بنانے میں کامیاب ہو جائیں جس کی رو سے مرد کو شادی کے مروجہ تصور کے ساتھ ساتھ ایسی شادی کی آزادی بھی مل جائے جو معاہدۂ روزگار کے اصول پر اُستوار ہو اور جس سے اُس کو عورت سے جنسی تعلق کا غیر مشروط حق اور اِختیار حاصل ہو سکے تو چونکہ عورت کی آمادگی کی اُسے مجبوری نہیں رہے گی لہٰذا اِس شرط کو پورا کرنے کیلئے وہ جو منفی قدم اٹھاتا ہے ان کا بھی کوئی وجود نہیں رہے گا۔

اب یہاں تین نکات سامنے آتے ہیں۔ ا۔ شادی کا مروجہ تصور مبہم اور محدود نامکمل یا غیر فطری ہے اور شائستہ معاشروں میں بھی مرد اِسے مجبور ہو کر اِس لیے اِختیار کرتا ہے کہ اُسے شادی کے عین فطری راستے دستیاب ہی نہیں ہیں۔ اِس کی مثال صاف اور آلودہ پانی کی سی ہے۔ آج دنیا کی نصف سے زیادہ آبادی آلودہ پانی اِس لیے پی رہی ہے کہ اُسے صاف پانی میسر ہی نہیں ہے۔ بالکل اِسی طرح آج اِنسانیت شادی کا غیر فطری تصور اِس لیے اِختیار کرتی اور اِس کے نتیجے میں جنسی جرائم کا سامنا کرتی ہے کہ اُسے صاف پانی یعنی فطری قانونی تصورات دستیاب ہی نہیں ہیں۔ شادی کا فطری تصور مرد اور عورت کے درمیان ایک معاہدہ ہے جو کنسلٹنسی یا ایمپلائمنٹ دونوں طرح سے اُستوار کیا جاسکتا ہے۔ یہاں سوال پیدا ہوتا ہے کہ اس معاہدے میں مرد کیلئے وہ کونسی ترغیب ہو سکتی ہے جس کے لالچ میں وہ عورت کیلئے اُس کی ازدواجی خدمت کے نعم البدل میں کوئی رقم متعین کرنے سے ایک قدم اور آگے بڑھنے پر بے اِختیار آمادہ ہو اور اُس عورت کو

اُس کی اصل ضرورت یعنی اپنے مساوی مکمل کفالتی تحفظ دے؟

اِس سوال کا جواب وہی ہے جس کا جائزہ ہم گزشتہ صفحات میں برتری کی طلب پر گفتگو کے دوران لے چکے ہیں یعنی عورت کا حق اِستعفیٰ جسے بعض معاشروں میں حقِ مہر بھی کہا جاتا ہے۔

۲۔ عورت کی اصل ضرورت مساویانہ کفالتی تحفظ ہے۔ شائستہ معاشروں میں وہ شادی کر کے جنسی تعلق کا مشروط حق شوہر کو دیتی ہے اور اِس کے عوض کفالتی تحفظ حاصل کرتی ہے مگر یہ راستہ چونکہ محدود اور نامکمل ہے اور شادی اور حق مہر کی ادائیگی کے باوجود بھی بہت سے ایسے حقوق جن پر فطری اصول کے مطابق کفیل شوہر کا اِستحقاق و اِختیار ہونا چاہیے، چونکہ اُسے قانوناً حاصل نہیں ہوتے مثلاً جسمانی تعلق کیلئے عورت کی ہر بار رضامندی کی شرط، اولاد پیدا کرنے اور اُس کی رضاعت کا صوابدیدی اِختیار، طلاق دینے کا حق اور شوہر کو پہلی بیوی کے ہوتے ہوئے دوسری شادی کرنے کی اجازت دینے کا اِستحقاق وغیرہ، لہٰذا شادی مرد کی آخری ترجیح بن کر رہ جاتی ہے۔ مشرقی معاشروں میں جہیز کے چلن کی بہت بڑی وجہ بھی مرد کی یہی بے بسی ہے۔ اِسی بے بسی کی قیمت کے طور پر وہ جہیز لیتا ہے اور اسی کے نتیجے میں شادی کے بعد بھی فرسٹریشن سے جھنجھلا کر عورت پر ڈکٹیٹر شپ کا خواہاں ہوتا ہے۔

اِس کا مطلب یہ ہے کہ عورت کو شادی کا ایک ایسا مکمل راستہ دستیاب ہونا چاہیے جس میں اُس کا شوہر جو اُس کو مساویانہ کفالتی تحفظ فراہم کرے، وہ اُس کا ایسا کلائنٹ یا آجر ہو جس کے نام وہ اپنا حق اِستعفیٰ منتقل کر چکی ہو اور وہ اسے اس کی خدمات یعنی اولاد کی پیدائش اور رضاعت کی ڈیوٹی کے عوض ہم پلہ کفالت فراہم کرے جبکہ جسمانی تعلق اور اولاد کی پیدائش کے مذکورہ سارے اِختیارات اُس کے شوہر کو حاصل ہوں اور اس میں

عورت کی رضامندی کی کوئی شرط نہ ہو۔

شادی کا ایک تصور وہ ہے جو آج کے بعض مسلم ممالک کے عائلی قوانین میں "نکاحِ زوجیت" کہلاتا ہے۔ اِس معاہدے میں عورت مرد کیلئے نسل اِنسانی کی پیدائش کی خدمات انجام دیتی اور اُس سے مساویانہ کفالتی تحفظ وصول کرتی ہے اور وہ حق مہر کی صورت میں اپنا حق اِستعفیٰ اپنے شوہر کو منتقل کرتے ہوئے در حقیقت یہ ضمانت دیتی ہے کہ وہ اِس معاہدے کی موجودگی میں یہ خدمات صرف اپنے شوہر تک محدود رکھے گی اور یہ معاہدہ جب چاہے توڑ نہیں سکے گی یعنی اُس وقت جب شوہر کو اِس کی ضرورت ہو گی، وہ اِس خود سپردگی سے دست بردار نہیں ہو گی۔

یہ معاہدہ دو ہم پلہ افراد کے درمیان ہوتا ہے جس میں ایک فریق نے نسل اِنسانی کی پیدائش کیلئے اپنی سروسز Services فراہم کرنا ہوتی ہیں جبکہ دوسرے نے ان سروسز کے عوض اُس کی فیس کے طور پر کفالتی تحفظ فراہم کرنا ہوتا ہے۔ نوعیت کے اعتبار سے یہ ویسا ہی معاہدہ ہے جیسا آپ کوئی عمارت تعمیر کروانے کیلئے آرکیٹیکٹ انجنیئر سے، اپنے علاج معالجے کا مستقل بندوبست کرنے کیلئے اپنے فیملی ڈاکٹر سے یا قانونی معاملات سے مستقل طور پر نبٹتے رہنے کیلئے کسی وکیل سے ایک کلائنٹ کے طور پر کرتے ہیں، فرق صرف یہ ہے کہ اِس میں سروسز فراہم کرنے والے فریق یعنی بیوی کی سروسز صرف اپنے کلائنٹ یعنی شوہر تک محدود ہوتی ہیں اور وہ ایک کلائنٹ کی موجودگی میں کسی دوسرے کلائنٹ سے یہ معاہدہ نہیں کر سکتی، اِسی لیے فیس کے طور پر مکمل اور مساویانہ کفالتی تحفظ کی شرط رکھی گئی ہے تاکہ اُسے کسی دوسرے کلائنٹ کی احتیاج ہی نہ رہے۔ اسلام میں اس کو عقد نکاحِ زوجیت کہا جاتا ہے۔

یہ تصور اگرچہ فطرت سے ہم آہنگ ہے لیکن ہر دَور اور ہر علاقے کی سماجی خاندانی

زندگی کے تمام پہلوؤں کا پوری طرح احاطہ کرنے سے قاصر ہے۔ مزید یہ کہ موجودہ دَور میں اِس کی صورت اِس قدر مسخ کر دی گئی ہے کہ مذکورہ حقوق اِس میں بھی شوہر کو خاطر خواہ انداز میں منتقل نہیں ہوتے چنانچہ یہ تصور بھی نامکمل رہتا ہے اور یہی وجہ ہے کہ مسلمان کہلانے والے معاشرے بھی جنسی جرائم سے پاک نہیں ہیں۔ اِس کمی کے علاوہ ان معاشروں میں مروج اِس تصور میں دو ایسے غیر معمولی خلا بھی ہیں جو نکاحِ زوجیت کے اِس تصور کو معاشرے میں ہر مرد کی فرسٹریشن کے خاتمے کی ضمانت بننے سے معذور کر دیتے ہیں اور یوں اُس مرد کو عورت پر ڈکٹیٹر بننے پر اکساتے ہیں۔

پہلا خلا یہ ہے کہ کئی معاشروں میں مرد کو ایک ہی عورت تک محدود رکھنے کیلئے اُس کی دوسری شادی کو انتہائی مشکل بنا دیا گیا ہے۔ "زندگی بھر کیلئے ایک مرد اور ایک عورت" کے فلسفے نے جس کی بنیاد پر دوسری شادی کو مشکل بنا دینے کا قانون وضع کیا گیا ہے، خود عورت کو سب سے زیادہ نقصان پہنچایا ہے اور اُس کیلئے معاشرے میں کسی شادی شدہ مرد کی دوسری بیوی بننے کا راستہ مسدود کر کے اُس کیلئے متبادل کفالتی تحفظ حاصل کرنا دشوار کر دیا ہے لہٰذا وہ بیچاری بھی اگر کسی خبیث ظالم شوہر کے پلے بندھی ہوتی ہے تو اُس کی ڈکٹیٹر شپ کو برداشت کرنے پر مجبور ہو جاتی ہے۔۔۔ اور ایسے خبیث ظالم شوہر آج کے طاغوتی معاشرے میں بافراط ہیں۔ ایسے معاشروں میں اسی ظلم سے بچنے کے لیے جہیز کی صورت میں اس کی قیمت بھی ادا کی جاتی ہے۔

اِسی طرح باہمی رضامندی کے بغیر علیحدگی یا طلاق حاصل کرنے کے قوانین اِس طرح کے بنا دیئے گئے ہیں کہ اِس طلاق کے نتیجے میں اکثر و بیشتر مرد کو غیر معمولی مالی نقصان برداشت کرنا پڑتا ہے چنانچہ وہ اِس سے گریز کرتا ہے لیکن بیوی کی کسی طبی مجبوری یا نفسیاتی عدم تعاون یا کسی اور وجہ سے اگر اُس کیلئے اپنی ضرورت کی تکمیل کا مثبت راستہ

مسدود ہو تو پھر جب شادی شدہ ہونے کے باوجود اُس کی ضرورت پوری نہیں ہوتی تو چور دروازے اور ڈکٹیٹر شپ اُس کا قدرتی رد عمل بن جاتا ہے۔

دوسرا خلا یہ ہے کہ عورت کیلئے اولاد کی پیدائش و رضاعت اور تربیت و پرورش اور گھر سنبھال کی الگ الگ ذمہ داریاں ہونے کا تعین بھی ان معاشروں کے مروجہ عائلی قوانین میں نہیں ہے۔ اِس عدم تعین کے نقصان پر ہم گزشتہ سطور میں نظر ڈال چکے ہیں۔

زوجیت کا یہ معاہدہ چونکہ آجر اور اجیر کا معاہدہ نہیں بلکہ کنسلٹنسی کا معاہدہ ہے لہٰذا اِس کی رُو سے حق اِستعفٰی یعنی حق مہر کی واپسی قیمت کا علیحدہ سے تعین کرنے کا عائلی تصور بھی اِس نکاح کے قانون میں نہیں ہوتا۔ اِس میں صرف یہ سیدھی سادی اجازت ہی ہوتی ہے کہ عورت اپنا وہی حق مہر واپس کر کے علیحدگی کا حق حاصل کر سکتی ہے جو اُس نے نکاحِ زوجیت کے وقت وصول کیا تھا۔ اِسے خلع کا نام دیا جاتا ہے۔ یہاں واپسی قیمت کے علیحدہ سے تعین کا تصور شاید اِس لیے نہیں ہے کہ اِس قانونِ نکاح کی روسے شوہر چونکہ آجر نہیں ہوتا بلکہ کلائنٹ ہوتا ہے لہٰذا اگر کسی وقت اُسے اپنا معاہدۂ نکاح مزید برقرار نہ رکھنا ہو تو اُس کے پاس صرف ایک راستہ ہے کہ اپنے دیے ہوئے حق مہر کو بھول جائے اور نکاح ختم کرنے کا اعلان کر دے۔ تکنیکی اصطلاح میں اِسے طلاق کہتے ہیں۔

یہ قانون بے شک فطرت کے مطابق ہے لیکن قانون کی کتاب میں اِس کی یہ اجارہ داری بنیادی حقوق کی کسوٹی پر کھری نہیں اترتی۔ بنیادی حقوق کا تقاضا ہے کہ نکاح کے دونوں قوانین دستیاب رکھے جائیں اور دوسرے قانون کی حیثیت کنسلٹنٹ اور کلائنٹ کے معاہدے کی نہیں بلکہ معاہدۂ روزگار کی سی ہو جس میں معاہدے کا دوسرا فریق یعنی عورت اجیر کی حیثیت رکھتی ہو اور وہ کفالتی تحفظ اپنی فیس کے طور پر نہیں بلکہ اُجرت کے

طور پر حاصل کرے۔ اُس کیلئے اپنے حالات اور اپنی ذات کی ویلیو کے مطابق خلع یعنی علیحدگی کی واپسی مالیت زیادہ متعین کرنا بھی قانوناً ممکن رہے تاکہ اُسے یہ معاہدہ کرتے وقت اپنے حق اِستعفیٰ کی اُس سے زیادہ قیمت مل سکے جو اُسے نکاحِ زوجیت کے معاہدے کی صورت میں حق مہر کے طور پر مل سکتی ہے، جبکہ دوسری طرف شوہر کو یہ اِختیار حاصل ہو کہ اگر وہ کسی وجہ سے یہ معاہدۂ نکاح برقرار نہ رکھنا چاہے اور بیوی اُسے خلع یعنی اپنے حق اِستعفیٰ کی واپسی قیمت ادا کرنے پر تیار نہ ہو تو وہ اِس بیوی کی خدمات کی نوعیت تبدیل کر سکے یعنی نکاح کا معاہدہ ختم کر کے اِس معاہدے کو عمومی معاہدۂ روزگار کی حیثیت دیتے ہوئے کفالتی تحفظ کے عوض جسمانی تعلق اور نسل اِنسانی کی پیدائش کی بجائے کوئی دوسری خدمت اُس کے سپرد کر دے۔

اگر ان معاشروں کو نکاحِ زوجیت کے علاوہ نکاح کا ایک ایسا متبادل راستہ بھی فراہم ہو جس کے اندر شوہر کی حیثیت آجر کی ہو اور وہ اپنی اجیر بیوی کے حق اِستعفیٰ کا اِس طرح مالک ہو کہ اُس اجیر عورت کے حق اِستعفیٰ کی واپسی قیمت کی الگ سے مالیت متعین ہو۔ اُس پر ایک سے زیادہ اجیر بیویاں رکھنے کی پابندی نہ ہو اور ان کیلئے علیحدگی اِسی طرح سیدھی سادھی ہو جس طرح لیبر ایکٹ کی رو سے آجر اور اجیر کے درمیان ہوتی ہے تو دونوں میں سے کسی کیلئے بھی فرسٹریشن کی ممکنات پیدا نہیں ہوں گی۔

یہاں ایک امر کی وضاحت ضروری ہے۔ شوہر اور بیوی کی علیحدگی یعنی طلاق کو قانوناً مشکل بنا دینے کیلئے جواز اولاد کی پرورش کو بنایا جاتا ہے اور کہا جاتا ہے کہ بچوں کو بلوغت تک ماں کے پاس رہنا چاہیے۔ یہ جواز دراصل ویسی ہی لغزش ہے جیسی "ایک مرد اور ایک عورت" کے فلسفے میں ہوئی ہے۔ حقیقت یہ ہے کہ ایک فطری اور حقیقی فلاحی معاشرے میں بچوں کی تربیت و پرورش کا عمل ان بچوں کے پاس ان کی اصلی ماں کی ہمہ

وقت موجودگی کا محتاج نہیں ہوتا۔ اِس جواز، اِس غلط فہمی کے پیدا ہونے کی وجہ ہماری قوتِ متخیلہ کی کمی ہے۔ ہم اپنے مہلک معاشرتی ڈھانچے کے اِس حد تک خوگر ہو چکے ہیں کہ ہمارے ذہن میں اُس جنت نظیر معاشرے کا نقشہ یکدم اجاگر نہیں ہوتا جو فطری قانون کے نتیجے میں تشکیل پائے گا۔ اِس کی تفصیلی وضاحت تو آئندہ ابواب میں ہو گی، یہاں اولاد کی تربیت وپرورش کے حوالے سے اِس غلط فہمی کا ازالہ لازم ہے۔

اولاد کی بہتر تربیت کیلئے ہر وقت اولاد کے پاس حقیقی ماں کی موجودگی قطعاً لازم نہیں ہے۔ اگر ایسا ہوتا تو اعلیٰ تعلیمی اداروں میں بچوں کے بورڈنگ ہاؤسز میں پرورش پانے والے بچے کبھی بھی معاشرے کے مفید رکن ثابت نہ ہو پاتے۔ اِنسانی تاریخ بھی اِسی موقف کی آئینہ دار ہے اور مہذب معاشروں کے سنہرے ادوار میں ہم دیکھتے ہیں کہ علیحدگی اور دوسری شادی آسان ہونے کے باوجود کسی باپ کیلئے اپنے بچوں کی تربیت اور پرورش مسئلہ نہیں بنتی تھی۔ مسلمانوں کی تاریخ تواِس سے بھی زیادہ ٹھوس شہادت رکھتی ہے۔ پیغمبر اِسلام صلعم کے دَور میں تو یہ باقاعدہ معاشرتی دستور تھا کہ بچہ پیدائش کے چند روز بعد ماں سے دُور مضافات میں بھیج دیا جاتا تھا جہاں وہ رضاعی ماں کی نگرانی میں پرورش پاتا تھا، خود پیغمبر اسلام صلعم ابتدائی چھ برس تک اپنی رضاعی ماں حلیمہ سعدیہ کے ہاں رہے۔ گویا ہم یوں کہہ سکتے ہیں کہ اولاد کی پرورش حقیقی ماں کے ہاتھوں میں ہونا فطری مجبوری نہیں بلکہ موجودہ معاشرے کی مجبوری ہے۔ اگر معاشرہ درست ہو جائے تو اِس مجبوری کی ممکنات بھی ختم ہو جائیں گی چنانچہ ماں اور باپ میں علیحدگی کو مشکل بنانے کا جواز بھی ختم ہو جائے گا۔ رہی یہ بات کہ معاشرہ کیسے درست ہو؟۔۔۔ تو یہ وہی ہدف ہے جس کیلئے یہ تحریر زیرِ قلم آئی ہے۔

۳۔ مرد کیلئے چونکہ جسمانی تعلق ایک ایسی بنیادی لازمی ضرورت کا درجہ رکھتا ہے

جس کی نوعیت اِس طرح کی ہے کہ شادی کا محدود مروجہ تصور اُس کی تکمیل کیلئے ناکافی ثابت ہو سکتا ہے لٰہذا اُسے مروجہ تصور کے علاوہ شادی کا ایک اور ایسا متبادل راستہ بھی مطلوب ہے جس میں ایک وقت میں ایک سے زیادہ شادیوں پر قدغن نہ ہو۔

اب چونکہ ہمیں ایک سے زیادہ بیویاں ہونے کے ممکنہ فساد کا احتمال ختم کرنا ہے اِس لیے آجر شوہر کو اِس امر کا پابند ہونا پڑے گا کہ وہ بیویوں میں کوئی اِمتیاز نہ رکھ سکے اور کسی بیوی کو کوئی ایسی سہولت نہ دے جو دوسری بیوی کو فراہم نہ ہو، خواہ وہ سہولت مساویانہ کفالتی معیار کے دائرے سے باہر ہی کیوں نہ ہو یعنی خود شوہر کے زیرِ اِستعمال بھی نہ ہو۔

ہمیں معاشرے میں اِخلاقی اقدار کو کمرشل اقدار کی حیثیت بھی دینی ہے۔ اِس کے لیے ضروری ہے کہ روزگار کا یہ راستہ جو اقدار کو ایسی حیثیت دینے کا ضامن ہے، آجر شوہر کیلئے پرکشش ہو اور اُسے معاشرے میں غیر معمولی پذیرائی ملے۔ اب یہ نظام مرد کیلئے تبھی پرکشش ہو سکتا ہے جب اِس میں اُس کی وہ سرمایہ کاری "محفوظ" ہو جو وہ اپنی اجیر بیوی کے حق اِستعفٰی کی خرید پر کرے گا۔ بالفاظِ دیگر شادی کا یہ معاہدہ اُسی طرح کے معاہدۂ روزگار کا عکس ہو جس کو ہم گزشتہ صفحات میں زیر نظر لا چکے ہیں یعنی اِس میں عورت کے حق اِستعفٰی کو کسی دوسرے مرد کو منتقل کیا جا سکے اور آجر شوہر کو یہ اِختیار حاصل ہو کہ اگر وہ اپنی اجیر بیوی کو چھوڑنا چاہے جبکہ وہ بیوی اُسے اپنے حق کی واپسی قیمت جو معاہدہ کرتے وقت طے ہوئی تھی، ادا کرنے پر تیار نہ ہو تو وہ اِس معاہدۂ نکاح کو ختم کر کے ایک مروجہ اور معروف معاہدۂ روزگار کی حیثیت سے اِس معاہدے کو کسی دوسرے آجر کی طرف واپسی قیمت کی اُسی شرط پر منتقل کر دینے کا اِستحقاق رکھتا ہو جو اُس کے اپنے معاہدے میں درج ہے۔ اِس اِختیار کا مقصد آجر کو اُس کی سرمایہ کاری کا وہی تحفظ فراہم کرنا ہے جس کو ہم برتری کی ضرورت کے حوالے سے زیر

نظر لا چکے ہیں، تاکہ اجیر بیوی کے حق اِستعفیٰ کے اپنے نام اِنتقال کے وقت آجر شوہر کیلئے اِس معاہدے میں نہ صرف غیر معمولی ترغیب پیدا ہو بلکہ وہ اِس حق کو حاصل کرنے کیلئے اپنی بیوی کو اِس کے حق کی زیادہ سے زیادہ قیمت ادا کرنے پر بھی آمادہ ہو سکے۔

یہاں بر سبیل تذکرہ یہ امر ذہن میں رکھنا ضروری ہے کہ اِن تمام نکات کی کسی آسمانی مذہب میں کوئی مناہی نہیں ہے بلکہ اِسلام میں تو ان باتوں کی تائید بھی موجود ہے اور دونوں طرح کے معاہدۂ نکاح کا تصور مسلمانوں کی مقدس کتاب قرآن میں موجود ہے۔ بگاڑ صرف یہ ہے کہ آج کے مسلمان کہلائے جانے والے معاشروں کے عائلی قوانین میں ان نعمتوں کی گنجائش نہیں رہنے دی گئی۔

اِس قانون کا فوری نتیجہ یہ ہو گا کہ مرد اِخلاقیات، نیک نامی اور حسن سلوک میں ایک دوسرے پر سبقت لے جانے کی کوشش کریں گے کیونکہ ہم دیکھ چکے ہیں کہ حق اِستعفیٰ کی قیمت کے تعین کے وقت یہی عوامل کرنسی کی طرح کمرشل ویلیوز کا درجہ رکھتے ہوں گے (اس کی مزید اور تفصیلی وضاحت اگلے باب "منظر نامہ" میں ہو جائے گی۔)

یہ قانون مرد کی ڈکٹیٹر شپ کا حتمی خاتمہ کر دے گا اور پھر مرد کے رویے میں عورت کیلئے مجبوراً وہی احترام اُمڈ آئے گا جو برابری کے تصور کے ساتھ ایک دوسرے کیلئے ہونا چاہیے کیونکہ مرد کو بخوبی معلوم ہو گا کہ جونہی اُس کے رویے یا کفالتی تحفظ کے مساویانہ ہونے کے معیار میں فرق آیا، عورت خواہ وہ اُس کی بیوی ہے یا بیٹی، اُسے اسی وقت چھوڑ کر چلی جائے گی کیونکہ اُس کیلئے کہیں سے بھی جب چاہے، حق اِستعفیٰ منتقل کرتے ہوئے یہ تحفظ حاصل کر لینا کوئی مسئلہ نہیں ہے۔

چونکہ اِس معاہدے کا مقصد عورت اور مرد کی فطری بنیادی ضرورتوں کو بیک وقت پورا کرنا ہے لہٰذا ایسی شادی کی اجازت صرف اسی صورت میں ممکن ہو سکتی ہے جب مرد

آجر اور عورت اجیر ہو، کیونکہ ہم سمجھ چکے ہیں کہ مرد کی ضرورت اسی صورت میں پوری ہو سکتی ہے جب اُسے عورت کو آمادہ کرنے کی شرط کا سامنا نہ ہو، اور یہ حق اُسے تبھی مل سکتا ہے جب وہ آجر اور عورت اجیر ہو۔ عورت کے آجر اور مرد کے اجیر ہونے کی صورت میں چونکہ مرد کو آمادگی کی شرط کا سامنا ہو گا لہٰذا اِس کو شادی کی صورت نہیں دی جاسکتی۔

ایڈز کی تھیوری کے ضمن میں جن احتیاطوں یعنی وقفہ ایام اور عورت کے Impregnate ہونے کا جو تجزیہ کیا گیا ہے اور جو نتائج اخذ کیے گئے ہیں انہیں قانون کا درجہ حاصل ہو۔

اس قانون کا لب لباب یہ ٹھہرا کہ اگر کسی اجیر عورت اور اس کے مرد آجر کے درمیان ایک ایسا معاہدہ اجرت موجود ہے جس میں اس کا آجر اسے اجرت کے طور پر ہم پلہ کفالتی تحفظ دینے کا پابند ہے اور جس کا ذکر ہم نے برتری کی ضرورت کے ضمن میں کیا تھا تو وہ باہمی رضامندی کے ساتھ اپنی خدمات کو اپنے آجر کے لیے اس کی اولاد کی پیدائش ورضاعت کی خدمات میں اس وقت تک کیلئے تبدیل کر سکتی ہے جب تک آجر کی رضامندی موجود ہے۔

یہ وہ بنیادی خاکہ ہے جس کی مدد سے ہم ایک ایسا قانونی نظام مرتب کریں گے جو مرد اور عورت کی ضروریات کی بیک وقت تکمیل کا راستہ فراہم کرے گا۔

اِس خاکے پر غور کرنے سے یہ بھی محسوس ہوتا ہے کہ یہ اُس خاکے سے بہت مشابہ ہے جو ہم نے برتری کی ضرورت کے ضمن میں مرتب کیا تھا۔ اِس کا مطلب ہے کہ دونوں خاکوں کو ملا کر ایک مجموعی قانونی باب کی شکل دی جاسکتی ہے۔

لیجیے، اب ایک ایسے جامع قانون کا راستہ ہموار ہو گیا جس میں زندگی کے تمام

ناقابل حل مسائل کا فوری اور حتمی حل پوشیدہ ہے اور یہ قانون کسی دوسرے قانون یا نظام کو منسوخ یا تبدیل نہیں کر رہا بلکہ اپنے آپ میں معاہدۂ روزگار کا ایک مکمل باب ہے اور ہر شہری کو یہ اِختیار دے رہا ہے کہ وہ جب چاہے، جتنا چاہے، اپنی زندگی میں اِس قانون سے اپنی ضرورت کے مطابق اِستفادہ کرے۔

آیئے اب اِس قانون کی جزئیات متعین کریں۔

***

ضابطۂ قانون اور طریقہ نفاذ

یہ قانون اِس تصور پر اُستوار کیا جا رہا ہے کہ ہر بالغ اِنسان اپنی ضروریات کو پورا کرنے کیلئے جو جدوجہد کرتا ہے اُس کے بدلے میں اگر وہ چاہے تو دولت کے درمیانی رابطے کے بغیر بھی اپنے مقصد کو حاصل کر سکے یعنی مکمل اور بے عیب کفالتی تحفظ حاصل کر سکے۔

ا۔ یہ قانون ایسے معاہدۂ روزگار کی اجازت دیتا ہے جس کی رُو سے ہر آجر اپنے اجیر کو اُس کی خدمات کے عوض اُجرت کی کسی متعینہ رقم کی بجائے مکمل کفالتی تحفظ فراہم کرے گا۔ یہ تحفظ تمام ضروریاتِ زندگی یعنی خوراک، لباس رہائش، تعلیم، تفریح، عائلت، میڈیکل پروٹیکشن، غرض زندگی کے ہر شعبے پر محیط ہو گا اور اُس کفالتی تحفظ کا کم از کم معیار عین وہی ہو گا جو خود آجر کے اپنے اِستعمال میں ہے۔

اگر کوئی آجر ایک سے زیادہ اجیروں سے یہ کفالتی خدمت گاری کا معاہدہ کرے تو اُس پر لازم ہے کہ تمام اجیروں کو یکساں معیار کی کفالت فراہم کرے۔ اگر وہ کسی ایک یا زائد اجیروں کو دوسرے اجیروں کی مرضی کے بغیر کوئی ایسی خصوصی سہولت فراہم کرے جو دیگر اجیروں کو نہ دی گئی ہو تو خواہ وہ سہولت مساویانہ کفالت کے دائرے میں نہ بھی آتی ہو یعنی خود آجر کے اِستعمال میں نہ بھی ہو تو بھی اُس کا یہ اقدام خلاف قواعد اور دیگر اجیروں کی حق تلفی تصور ہو گا۔

۲۔ اِستعفیٰ دینے کا حق اور اِختیار پیدائشی طور پر ہر اجیر کی فطری اور ذاتی ملکیت

Personalty ہے اور وہ اجیر شخصی آزادی اور بنیادی حقوق کے تقاضوں کے مطابق اپنی اِس ذاتی ملکیت کو جب چاہے اپنے آجر کو اپنی دیگر زیر ملکیت اشیاء کی مانند منتقل کرنے کا مجاز ہے۔

۳۔ حق اِستعفیٰ پر اِختیار کی یہ منتقلی تبھی ممکن ہے جب اُس کی واپسی قیمت کا تعین ہو چکا ہو تا کہ ہر اجیر کو ایسا معاہدہ کرتے ہوئے یہ معلوم رہے کہ وہ کس طرح جب چاہے اِس حق کو واپس حاصل کر سکتا ہے۔ اِس منتقلی کو ایسے رہن کی مثال سمجھا جا سکتا ہے جس میں کسی شے کی رہن رکھوائی کا بدل قیمت اور اُس کی واپسی کا بدل قیمت الگ الگ متعین ہو سکتا ہو۔

۴۔ حق اِستعفیٰ پر اِختیار دیگر تمام زیر ملکیت اشیاء اور جائداد کی طرح قابل اِنتقال صلاحیت رکھتا ہے چنانچہ منتقلی کے بعد آجر کو یہ حق حاصل ہو گا کہ وہ اپنے اجیر کا یہ اِختیار جو اُس کے پاس ایک رہن کی مثال ہے، جب چاہے معاہدے میں واپسی قیمت کے ضمن میں متعین شرائط کی موجودگی میں کسی تیسرے فرد کو منتقل یا فروخت کر سکے جیسے یورپ اور امریکہ میں سپورٹس کے کلب اپنے سٹار کھلاڑیوں کو ایک دوسرے کے ہاتھ بیچتے خریدتے رہتے ہیں۔۔۔۔ اس منتقلی کے بعد اجیر کیلئے فراہم ہونے والے کفالتی تحفظ کا پیمانہ نئے آجر کا معیارِ زندگی قرار پائے گا۔

۵۔ آجر کے مرنے کے بعد اگر کوئی وصیت نہ ہو تو معاہدے کی ملکیتی حیثیت اُس کی دیگر اشیاء کی طرح اُس کا ورثہ یا ترکہ تصور ہو گی اور اُس کے وارث یا ورثاء کو منتقل ہو گی۔ اگر ان ورثاء کی تعداد ایک سے زیادہ ہو گی تو ورثاء کو دیگر وراثت کی تقسیم سے قبل نئے آجر کا فیصلہ کرنا ہو گا تا کہ کفالتی تحفظ کے معیار کا تعین اور اجیر کی خدمات پر اِختیار کی وضاحت ہو سکے۔

جب تک ورثاء نئے آجر کا تعین نہیں کرتے، اجیر سے کوئی خدمات نہیں لی جاسکتیں جبکہ فوت شدہ آجر کے ترکے میں سے اجیر کو کفالتی تحفظ کی فراہمی سابقہ معیار کے مطابق جاری رہے گی یا اُس معیار کے برابر مالیت اُس کی واپسی قیمت میں سے منہا ہوتی رہے گی۔

۶۔ اجیر کے مرنے کی صورت میں چونکہ حق اِستعفٰی کا کوئی وجود نہیں رہے گا اِس لیے یہ معاہدہ کالعدم تصور ہوگا اور آجر اجیر کے ورثا سے اِس حق کی واپسی قیمت طلب کرنے کا مجاز نہ ہوگا۔

۷۔ اجیر کی خدمات کیلئے نوعیت، دورانیہ اور مقام خدمت گاری (جائے ملازمت) کا تعین لازمی نہیں ہے تاہم غیر فطری، مافوق البشری (ڈبل ڈیوٹی) یا غیر قانونی خدمات کا اجیر کو حکم نہیں دیا جاسکے گا۔

۸۔ خدمت گار کی سماجی و قانونی حیثیت بالکل اُس کے آجر کی سی ہے اور شہری حقوق، عدالتی گواہی اور وسیع تر قومی امور میں وہ دیگر شہریوں کا ہم پلہ ہے۔ ریاستی تعزیراتی پابندیاں اور معاشرتی حدبندیاں نبھانے کا وہ ذاتی طور پر ذمہ دار ہے اور اُس کے ایسے ہر جرم یا خطا پر اُس کا آجر بری الذمہ ہے۔

۹۔ خدمت گار کو اپنی ذاتی زندگی میں مکمل خود مختاری حاصل ہے، حتٰی کہ وہ خود اپنی خدمت کیلئے مزید کفالتی خدام رکھنے کا بھی اہل ہے۔

۱۰۔ کفالتی سہولتوں کی فراہمی کے ضمن میں خود آجر کی ذات معیار کا درجہ رکھتی ہے اور اُسے اِس امر کی آزادی ہے کہ وہ اپنے بجٹ کے مطابق اِس معیار کو اپنی صوابدید پر سستا یا قیمتی کر سکتا ہے، شرط صرف یہ ہے کہ اُسے وہی معیارِ زندگی خود بھی اپنانا ہوگا جو وہ اپنے اجیر کو فراہم کر رہا ہے۔

۱۱۔ بیرون ملک رہائش پذیر کوئی بھی شخص آجر بننے کا اہل نہیں ہے کیونکہ کفالتی

معیار کے تعین اور گرفت کیلیئے قانون نافذ کرنے والے اداروں کی وہاں عملداری نہیں ہے۔

۱۲۔ آجر کے لیے کسی ایک فرد کا ہونا لازم ہے۔ کوئی بھی افراد کا مجموعہ یعنی ادارہ، فرم یا کمپنی لفظ "آجر" کی تعریف میں تبھی آسکتے ہیں جب یہ کمپنی فرد واحد کی ملکیت ہو یا سوائے بیت المال یعنی اسٹیٹ بینک کے، کسی اور کی مقروض نہ ہو۔ (اس بیت المال کی تفصیل کے لیے دوسری ای بک ملاحظہ فرمایئے "اسلامی نظام آخر ہوتا کیا ہے") اس صورت میں کفالتی معیار اُس ادارے یا کمپنی کے مالک (Sole Proprietor) کا معیارِ زندگی قرار پائے گا۔

۱۳۔ شیئر ہولڈرز کا ملکیتی کوئی ادارہ یا حکومت لفظ "آجر" کی تعریف میں نہیں آسکتے اِس لیے اُنہیں یہ معاہدہ کرنے کی اجازت نہیں ہو گی۔ اِس کی وجہ یہ ہے کہ حکومت کسی فرد یا افراد کے مجموعے کا نام نہیں ہے بلکہ ایک ایسی مشینری کا نام ہے جس میں شامل افراد کسی حکومتی پراجیکٹ کے "تنہا مالک" نہیں ہوتے اور پراجیکٹ کے نقصان کی صورت میں ان کا اکیلے کا کچھ نہیں بگڑتا لہٰذا کفالتی تحفظ کیلیئے شخصی معیار ممکن نہیں ہے۔

۱۴۔ (الف) اگر اِس معاہدے کی رو سے خدمت گار بننے والا فرد ایک مرد ہو تو وہ اِس معاہدے کا اہل تبھی ہو سکتا ہے جب اُس پر کسی دوسرے فرد یا افراد کی کفالت کی ذمہ داری نہ ہو۔ اگر اُس پر پہلے ہی کسی فرد یا افراد یعنی اُس کے بیوی بچوں اور دیگر اہل خانہ کی کفالتی ذمہ داری ہے یا وہ ایسا ارادہ رکھتا ہے تو اِس صورت میں وہ تبھی کفالتی خدمت گار بن سکتا ہے جب اُس کا آجر اُس کی یہ ذمہ داری بھی مساویانہ کفالتی تحفظ کی صورت میں اٹھانے پر آمادہ ہو۔ جبکہ ان افراد سے کوئی خدمات لینے کا استحقاق اسے نہیں ہو گا۔

(ب) اگر اِس معاہدے کی رو سے خدمت گار بننے والا فرد ایک عورت ہو تو وہ اِس معاہدے کی اہل تبھی ہو سکتی ہے جب وہ کسی کے حبالہ نکاح میں نہ ہو۔ اگر وہ پہلے ہی کسی کے نکاح میں ہے یعنی اُس نے اپنے لیے مساویانہ کفالتی تحفظ کی فراہمی کی ذمہ داری کسی اور مرد پر ڈال رکھی ہے تو وہ اِس معاہدے کی اہل نہیں ہے۔

۱۵۔ اگر اِس معاہدۂ روزگار کے دونوں فریقوں کی صورت یہ ہو کہ آجر کوئی ادارہ نہ ہو بلکہ فردِ واحد ہو اور مرد ہو جبکہ عورت اجیر ہو اور عورت گزشتہ کم از کم چار ماہ (تین طہر IntraMenstrual Clean Period) سے عفیفہ (غیر شادی شدہ، بیوہ یا طلاق یافتہ) ہو تو انہیں باہمی رضامندی سے اِس معاہدے کو ایک معاہدۂ نکاح کے طور پر ڈکلیئر کرنے کی اجازت ہو گی تاہم اِس معاہدے کی قانونی حیثیت نکاحِ زوجیت سے مختلف ایک نکاحِ روزگار کی ہو گی اور اِس میں آجر شوہر اپنی اجیر بیوی سے اُجرت یعنی مساویانہ کفالتی تحفظ کے عوض جسمانی تعلق اور اولاد کی رضاعت کی خدمات لینے کا اِستحقاق رکھتا ہو گا۔ اِس صورت میں "دونوں کا جسمانی تعلق اور اولاد کی پیدائش"، "ان کی تربیت و پرورش" اور "گھر سنبھال، House Keeping" یا کوئی بھی دوسری خدمت اجیر بیوی کی الگ الگ خدمات تصور ہوں گی اور اگر اُس کے آجر شوہر کی طرف سے ایک سے زیادہ خدمات بیک وقت ادا کرنے کی پیشکش کی جائے تو وہ ہر زائد خدمت کا علیحدہ سے مالی معاوضہ لینے کی اہل ٹھہرے گی تاہم اگر وہ یہ خدمات بھی انجام دینے کے باوجود کوئی معاوضہ نہیں لیتی تو اُس کا یہ عمل قانون کی نظر میں اُس کا ایثار قرار دیا جائے گا اور اُس کو مذکورہ معاوضہ نہ لینے کے بدلے میں کوئی اضافی اِختیارات حاصل نہیں ہوں گے جبکہ اول الذکر خدمت یعنی اولاد کی پیدائش کے ضمن میں آجر شوہر کو اُس سے جب چاہے فطری جسمانی تعلق کا پورا اور غیر مشروط حق اور اِختیار ہو گا اور اِس ضمن میں اُس اجیر بیوی کی رضامندی یا غیر

رضامندی کی کوئی قانونی حیثیت نہیں ہو گی۔ آجر شوہر کو یہ حق بھی حاصل ہو گا کہ وہ جب چاہے مساویانہ کفالتی تحفظ کے عوض اجیر بیوی سے حاصل ہونے والی خدمات کی نوعیت میں حسب منشا تبدیلی کر سکتا ہے اور اُس کی جسمانی تعلق اور اولاد کی پیدائش و رضاعت پر مبنی خدمات عارضی یا مستقل طور پر موقوف کر کے کوئی دوسری خدمت اُس کے سپرد کر سکتا ہے۔ اِس شادی کے معاہدے میں مندرجہ ذیل ضمنی شرائط کی پابندی ہو گی۔

(الف)۔ اگر آجر اِس معاہدے کی قابل اِنتقال حیثیت کو اِستعمال کرتے ہوئے اُسے کسی دوسرے آجر کو منتقل کرے تو اِس معاہدے کی عائلی حیثیت ساقط ہو جائے گی اور یہ اِنتقال ایک عمومی معاہدۂ روزگار کی حیثیت سے ہو گا چنانچہ نئے آجر کو اُس اجیر عورت سے جسمانی تعلق اور نسل اِنسانی کی پیدائش پر مبنی خدمت لینے کا اِستحقاق نہیں ہو گا تاہم فریقین کو یہ اجازت ہو گی کہ وہ باہمی رضامندی سے سطور بالا میں مذکور شرائط کے مطابق اِس معاہدۂ روزگار کو بھی معاہدۂ نکاح کے طور پر ڈکلیئر کر سکتے ہیں۔

(ب)۔ اگر آجر شوہر مر جائے تو اِس معاہدے کا حصہ عائلت خود بخود کالعدم ہو جائے گا اور اجیر عورت کے ساتھ جسمانی تعلق کا حق اور اِختیار جو اُس کے شوہر کو حاصل تھا، ورثا کو منتقل نہیں ہو گا اور یوں وہ اجیر عورت اگر معاہدے میں متعین واپسی قیمت ورثا کو ادا کر کے معاہدہ ختم نہ کرنا چاہے تو نئے آجر کے تعین کے بعد اُس کی خدمات کی نوعیت بدل جائے گی تاہم اپنے شوہر کے ترکے میں اُس کا معروف حق اسی طرح موجود رہے گا جیسے نکاحِ زوجیت کے معاہدے میں ہوتا ہے۔ اِسی طرح اگر اجیر بیوی مر جائے تو اُس کے ترکے میں آجر شوہر کا معروف حق موجود رہے گا۔

(ج)۔ اگر آجر شوہر ایسی حالت میں وفات پائے کہ اجیر بیوی اُس کے بچے یعنی زندہ

وارث کی ماں بن چکی ہو تو اِس صورت میں معاہدے کی قابلِ اِنتقال صلاحیت بھی ساقط ہو جائے گی چنانچہ اُس اجیر بیوی کو شوہر سے ملنے والی وراثت میں سے اُس کے حقِ اِستعفیٰ کی واپسی قیمت منہا کر لی جائے گی اور معاہدہ کالعدم تصور ہو گا۔ اگر اُس واپسی قیمت کی مالیت اُس کے شوہر کے کل ترکہ سے بھی زیادہ ہو تو بھی معاہدہ منسوخ تصور ہو گا اور پھر یہی تنسیخ معاہدہ ہی اُس کی وراثت تصور ہو گی جبکہ وراثت میں سے اُس کو کوئی حصہ نہیں ملے گا۔

(د)۔ اگر آجر شوہر ایسی حالت میں وفات پائے کہ اجیر بیوی اپنی کوکھ سے اُس کے پہلے بچے کو جنم دینے والی ہو تو اِس صورت میں یہ معاہدہ تبھی کالعدم ممکن ہو گا جب وہ بچے یعنی اپنے آجر شوہر کے ایک زندہ وارث کو کامیابی سے جنم دے دے۔

۱۶۔ اجیر خواہ مرد ہو یا عورت، آجر کی طرف سے معاہدے میں طے کردہ کسی شرط کی خلاف ورزی اور اجیر کی حق تلفی پر متعلقہ لیبر کورٹ کو معاہدے کی مارکیٹ ویلیو میں کمی کرنے کیلیئے معاہدے میں متعین واپسی قیمت کی مالیت میں یا کسی دوسری شرط میں اجیر کے حق میں ترمیم یا تنسیخ کرنے کا اِختیار ہے۔

۱۷۔ اجیر کی طرف سے معاہدے کی کسی شرط کی خلاف ورزی یا جان بوجھ کر آجر کا نقصان کرنے کی صورت میں عدالت کو اِختیار ہے کہ معاہدے کی ویلیو میں اضافہ کرنے کیلیئے اِس میں متعین شرائط کی آجر کے حق میں ترمیم کرے۔ علاوہ ازیں اُسے اجیر کی منقولہ و غیر منقولہ جائداد ضبط کر کے آجر کا نقصان پورا کرنے کا بھی اِختیار ہے۔

اب صرف ایک پہلو تشنہ ہے، نظم عدالت کا پہلو۔

اِس حوالے سے یہ اعتراض کیا جا سکتا ہے کہ تیسری دنیا کے ممالک یعنی غریب ممالک میں جہاں پہلے ہی مقدمات کی بھرمار ہے، اِس نئے نظام کے عدالتی سیٹ اپ اور

علیحدہ پرائمری کورٹس کے قیام کیلیئے فنڈز کہاں سے فراہم ہوں گے؟

اِس اعتراض کے جواب کیلیئے اگر ذراسی باریک بینی سے مشاہدہ کیا جائے تو دکھائی دیتا ہے کہ تقریباً سبھی مہذب معاشروں میں ایک بنا بنایا ایسا سیٹ اپ موجود ہے جو کسی سرکاری مالی سہارے کا محتاج نہیں ہے اور محض اِختیارات کے تعین سے ہی نہ صرف عدل وانصاف کا ضامن بن سکتا ہے بلکہ اپنی نئی شناخت کے ذریعے قومی خزانے کی غیر معمولی تقویت کا باعث بھی بن سکتا ہے۔ یہ بنا بنایا سیٹ اپ ہر معاشرے کا مذہبی عبادات کا ڈھانچہ ہے۔

اگر ہر مسجد کو محلے کی سطح پر کفالتی تحفظ کی ایسی اعزازی لیبر کورٹ کا درجہ دے دیا جائے جس میں اُس مسجد کے خطیب اِس کورٹ کے اعزازی مجسٹریٹ ہوں اور کرپشن کا امکان ختم کرنے کیلیئے محلے یا علاقے کے پڑھے لکھے اور مخلص افراد اُس عدالت میں جیوری کے اعزازی ارکان بنیں تو اِس مسئلے کا آسان اور سیدھا سادا حل نکل آئے گا۔

ان خدمات کے عوض ان مجسٹریٹ صاحبان کیلیئے قومی خزانے سے اُسی معیار کی کفالت فراہم ہو جیسی سربراہِ مملکت کو حاصل ہو رہی ہے۔ اِس سے نہ صرف طبقاتی اِمتیاز ختم ہو گا اور سربراہِ مملکت کو اپنے معیارِ زندگی کو پر تعیّش کے درجے سے نیچے لانا پڑے گا بلکہ ان ناظمین میجسٹریٹ اور ان کے خاندان کیلیئے وسیلہ کفالت بھی بنے گا جبکہ دوسری طرف ان ناظمین کی ترغیب و تشویق کے باعث ریونیو کی مقدار میں بھی تیزی سے اضافہ ہو گا (اس تصور کی مکمل تفصیل دوسری ای بک "اسلامی نظام آخر ہوتا کیا ہے؟" میں زیر نظر آسکتی ہے۔) اِسی طرح ہر عبادت گاہ کو "شیرف آفس" کے سے انداز میں عوام اور حکومت کے درمیان رابطے کا ذریعہ، محلے کا میڈیا سنٹر یا مقامی سرکاری انتظامی اہلکاروں یا لوکل گورنمنٹ کے منتخب کونسلروں کے چیک اینڈ بیلنس کیلیئے انہی مجسٹریٹ اور جیوری پر

مشتمل پرائمری اعزازی عدالت احتساب کی شکل دی جا سکتی ہے اور اِس تمام عمل کو مالی تعاون کیلئے ایڈورٹائزنگ سپانسر شپ مل سکتی ہے جس سے یہ تمام عدالتی نظام خود کفیل ہو سکتا ہے اور اگر ایسے ہر میڈیا سنٹر کے ساتھ کمرشل پوائنٹس مثلاً دکانیں سٹالز وغیرہ بھی ہوں تو یہ نظام بذات خود وسائل کا منبع ثابت ہو سکتا ہے، وعلیٰ ہٰذ القیاس۔۔۔ غرض ایسے کئی ذرائع تخلیق ہو سکتے ہیں جن کے نتیجے میں یہ عدالتی ڈھانچہ نہ صرف حکومتی مالی سہارے کا محتاج نہیں رہتا بلکہ اپنے آپ میں قومی خزانے کیلئے ایک بہت بڑی تقویت کا باعث بھی بن سکتا ہے۔ اِس کے علاوہ اِس کا ایک بالواسطہ فائدہ یہ ہو گا کہ مذہبی اِنتہا پسندی اور فرقہ واریت سے بھی اِنسانیت کو نجات مل جائے گی کیونکہ کسی بھی تہی دست شخص کو مذہبی پیشوائیت کا لبادہ اوڑھ کر اپنے لیے روزگار اور معاشرے کے افراد کی نظر میں محترم حیثیت حاصل کرنے کیلئے مذہب فروشی کی دکان سجانے کی ضرورت نہیں رہے گی۔۔۔ الغرض ایسی رائے کہ یہ نظام نافذ العمل نہیں ہو سکتا، عذر لنگ کے سوا کچھ نہیں ہے۔

یہ ایسا قانون ہے جو موجودہ دور کے تمام نامکمل قوانین کے خلا کو بھرتا ہے اور اِنسانی ضروریات کی تکمیل کا حتمی اور قانونی، مثبت اور محفوظ راستہ مہیا کرتا ہے۔ اِس میں بنیادی اِنسانی حقوق اور شخصی آزادی کے تمام تقاضے فی الواقعہ پورے کرنے کی صلاحیت بھی موجود ہے یعنی یہ کسی بھی فرد کو محض اِسی نظام تک محدود رہنے پر مجبور نہیں کرتا۔ اگر کوئی فرد اِس معاہدے کے بنیادی تصور یعنی اُجرت کی صورت میں کفالتی تحفظ کے تصور سے متفق نہیں ہے تو اُسے پورا اِستحقاق ہے کہ وہ اپنی زندگی کی ترتیب میں اُجرت کا مروجہ تصور یعنی تنخواہ کا تصور ہی اِختیار کرے مگر اُسے بہرحال یہ حق نہیں ہے کہ دوسرے افراد کیلئے اِس معاہدے کو اِختیار کرنے کی آزادی میں رکاوٹ بنے۔

شخصی آزادی اور بنیادی حقوق کا فلسفہ ہر مہذب معاشرے کی اساس ہے اور اِس

کا تقاضا یہی ہے کہ معاہدہ روزگار کے دونوں تصورات یعنی اُجرت کی رقم کی صورت میں ادائیگی اور کفالتی تحفظ کی شکل میں ادائیگی کے راستے معاشرے کو دستیاب ہوں اور انہیں کسی بھی وقت اِختیار کرنے یا چھوڑ دینے کی ہر فرد کو آزادی ہو۔ ہم بخوبی سمجھتے ہیں کہ اِستعفیٰ دینے کا حق ہر شخص کی فطری آزادی کا حصہ ہے اور اُس کی ذاتی ملکیتی جائداد Personality کی حیثیت رکھتا ہے۔ اگر ہم کسی فرد کو اُس کی ملکیتی چیز کو رہن رکھنے کی اجازت نہ دیں تو یہ کہنے کی ضرورت نہیں کہ ہمارے یہ نام نہاد شخصی آزادی اور اِنسانی حقوق کے تصورات اور ان کا پراپیگنڈا محض بے ہنگم شور سے زیادہ کچھ نہیں ہے۔ ***

***

نفاذِ قانون کے بعد کا سماجی منظر نامہ

سابقہ ابواب میں آپ نے ایک ایسا قانونی ضابطہ ملاحظہ فرمایا جس کا کوئی ہیولہ اِس سے پہلے آپ کے ذہنوں میں نہیں تھا لہٰذا اِس امر کا امکان موجود ہے کہ کچھ لوگوں کی نظر میں معاشرتی نظام کا یہ تصور اور اِس کے فوائد ابھی پوری طرح اجاگر نہ ہوئے ہوں، اِس لیے مناسب ہو گا کہ اِس قانون کی اجازت مل جانے کے بعد معاشرے کے کینوس پر اِس کے مابعد اثرات کا جو منظر ابھر سکتا ہے اُسے چشم تصور پر دیکھا جائے۔ اِس باب میں ہم ایسے ہی چند مناظر اجاگر کریں گے۔

ہم دیکھ چکے ہیں کہ یہ قانون بالواسطہ یا بلاواسطہ، زندگی کے تمام پہلوؤں پر محیط ہے لہٰذا اِس باب میں ہمیں زندگی کے مختلف پہلوؤں پر اِس کے اثرات کا باری باری جائزہ لینا ہو گا۔ سب سے پہلے معاشی پہلو پر ایک نظر ڈالتے ہیں۔

فرض کیجئے ایک صنعتکار یا زمیندار جو روز روز کی ہڑتالوں، لیبر ڈیمانڈ، تنخواہوں، بونس اور قانونی جکڑ بندیوں کے نت نئے بکھیڑوں سے پریشان ہے، اِس ایکٹ کے تحت اپنی تمام یا منتخب لیبر سے کفالتی خدمت گاری کا معاہدہ کر لیتا ہے تا کہ نہ صرف یہ کہ اُسے ان الجھنوں سے نجات ملے بلکہ اُس کے وہ ملازمین بھی جو اُس کے ہاں کام کا تجربہ حاصل کر کے قیمتی بن چکے ہیں، جب چاہے اُسے چھوڑ کر بھی نہ جا سکیں۔ اب اُس پر لازم ہے کہ جس طرح کا ماحول، جس طرح کی بود و باش خود اُس نے اِختیار کر رکھی ہے، وہی اپنے خادموں کو بھی فراہم کرے۔ جتنی بڑی کوٹھی میں وہ خود رہتا ہے، جس کار یا ایئر کنڈیشنر

کو وہ خود اِستعمال کرتا ہے، جس سکول میں اُس کے اپنے بچے پڑھتے ہیں، جس طرح وہ اپنی تقریبات مناتا ہے ویسا ہی ماحول فرداً فرداً ہر خدمت گار کو فراہم کرے۔

ظاہر ہے کہ نمود و نمائش کی فضا میں یہ سب کچھ اُس کیلیئے ممکن نہیں ہو گا چنانچہ اُس کے پاس اِس قانون سے فائدہ اٹھانے کا ایک ہی طریقہ ہو گا کہ وہ اپنا معیارِ زندگی سادہ کر لے اور ویسی ہی سہولتیں خود بھی اِختیار کر لے جیسی وہ اپنے خدام کو فراہم کرنے جارہا ہے یعنی انہی کی طرح فلیٹ میں رہے، انہی جیسی یونیفارم یا دوسرا لباس پہنے، وہی خوراک اور وہی طبی سہولت خود بھی اِختیار کرے جو اُس نے اپنے ملازموں کو مہیا کرنی ہے۔ بچوں کی تعلیم و تربیت، تفریحات اور تقریبات کے درجوں میں مکمل یکسانیت ہو اور وہ اپنے اور اپنے اجیروں کے درمیان کوئی طبقاتی اِمتیاز نہ رکھے تاکہ عدالت کی طرف سے اُسے قانونی تحفظ حاصل رہے اور وہ خاطر خواہ طور پر اپنے کاروبار سے اِستفادہ حاصل کرتا رہے۔

بطور مثال اِس نوع کی مثالیں صنعت و حرفت، زراعت، تجارت، غرض زندگی کے ہر اُس شعبہ سے دی جاسکتی ہیں جہاں کسی بھی معاہدہ روزگار کی ممکنات موجود ہیں۔

حقیقت یہ ہے کہ اگر اِس قانون کی عملی اِجازت ہو جائے تو اِس کے سامنے متعین اُجرت کا نظام اِجازت ہونے کے باوجود ناکام ہو جائے گا اور کوئی ایسا آجر جو جاہ و حشم اور نمود و نمائش کی ترتیب اپنی زندگی میں رکھتا ہو، مارکیٹ میں Survive ہی کر نہیں پائے گا۔ بادیٔ النظر میں یہ ایک ناقابل یقین سی بات لگتی ہے لیکن دیکھ لیجیے، یہ دو اور دو چار کی طرح ثابت ہو رہی ہے۔

فرض کیجیے ایک بڑا صنعتکار یا زمیندار اپنی تمام یا منتخب لیبر سے اِس کفالتی خدمت گاری کا معاہدہ کر لیتا ہے۔ اب اُس کیلیئے تنخواہ، بونس، اِنشورنس، سوشل سیکیورٹی، پنشن اور دیگر اِسی قسم کے اخراجات کا بکھیڑا ختم ہو چکا ہے۔ شرط یہی ہے کہ کفالت کا وہی معیار

اپنے اجیروں کو فراہم کرے جو خود اُس کے اپنے تصرف میں ہے۔ اب اگر وہ اپنا طرزِ زندگی سادہ اور کم خرچ کر لے تو ویسی ہی سہولتیں اپنے اجیروں کو فراہم کرنے میں اُس کا خرچ بہت کم اٹھے گا لہٰذا اُس کی مصنوعات کے اِخراجاتِ پیداوار بھی بہت کم رہ جائیں گے چنانچہ اُس کے لیے غیر معمولی کم مارکیٹ ریٹ بھی اچھے خاصے منافع کا باعث ہونے لگیں گے۔ اب اگر اُس کے Competitors کو مارکیٹ میں Survive کرنا ہے تو ان کے پاس بھی اِس نظام کو بادلِ نخواستہ اپنانے کے سوا کوئی چارہ نہیں ہو گا۔

اب میکرو اکنامکس کے تناظر میں اِس قانون کا جائزہ لیجیے۔ اس قانون کا ایک بہت بڑا مثبت پہلو یہ ہے کہ اِس سے پرائیویٹ سیکٹر میں زراعت اور صنعت کو یکلخت عروج نصیب ہو گا، چھوٹی صنعتیں تک نہایت تیزی سے تقویت حاصل کریں گی اور برآمدات کی منڈیوں میں کم نرخ بھی زیادہ منافع کا باعث بنیں گے کیونکہ اِخراجاتِ پیداوار کو جتنا چاہے کم کرنے کا فارمولا ہاتھ آ چکا ہو گا۔ اِس کا مطلب یہ ہے کہ جو معاشرہ بھی اِس نظام کی اپنے شہریوں کو پہلے اجازت دے گا وہ برآمدات کے گراف کو دوسرے ممالک کی نسبت کہیں زیادہ تیزی سے بلند کرے گا اور دولت مندی میں اِس قدر آگے نکل جائے گا کہ پھر دوسرے معاشروں کیلئے اِس نظام کی اجازت کے بعد بھی اُس سے آگے نکلنا مشکل ہو جائے گا۔

اِس قانون کی ایک بہت بڑی خوبی یہ ہے کہ یہ بالواسطہ طور پر صنعتی نیشنلائزیشن، حتیٰ کہ سوشلزم کے خلاف بھی تحفظ دیتا ہے، وہ اِس طرح کہ اگر حکومت کسی صنعت کو نیشنلائز کرتی ہے تو اُس کے پاس کفالت کیلئے شخصی معیار نہ ہونے کی وجہ سے صرف رقم کی صورت میں اُجرت کی ادائیگی کا نظام ہو گا کیونکہ وہ لفظ "آجر" کی تعریف میں نہیں آ سکتی چنانچہ اِس معاہدے کو اِختیار کرنے کی اہل نہیں ہے اور اُجرت کے رقم کی صورت میں ادا

ہونے کا تصور اِس معاہدے کا سامنے چل ہی نہیں سکتا جیسا کہ قبل ازیں جائزہ لیا جا چکا ہے لہٰذا اہم یہ کہہ سکتے ہیں کہ نیشنلائزیشن یا قومی تحویل میں لینے کا مطلب صنعت کا دیوالیہ ہونا اور سوشلزم کا مطلب پورے ملک کا دیوالیہ ہونا ہوگا اور کوئی بھی حکومت اِس قدر احمق نہیں ہو سکتی۔ یہی مثال کیپیٹل ازم پر بھی صادق آتی ہے۔ نہ کوئی پبلک لمیٹڈ کمپنی آجر بن سکتی ہے اور نہ بینک کو سود دینے کے بعد اپنے اخراجات پیداوار کو کم کر سکتی ہے۔ نتیجہ یہ کہ دیوالیہ ہو جائے گی۔

اِس طرح ہم یہ بھی کہہ سکتے ہیں کہ یہ ایک ایسا قانون ہے جو دنیا سے کیپیٹل ازم کے ساتھ ساتھ سوشلزم کا بھی کہ جس کے کندھوں پر کمیونزم کا جبر سوار ہوتا ہے، خاتمہ کر دے گا۔ اِس کی وجہ یہ ہے کہ کوئی کمیونسٹ ملک بھی جو کم قیمت مصنوعات بنانے کی شہرت ہی کیوں نہ رکھتا ہو، برآمدات کی منڈیوں میں اُس ملک کا مقابلہ کر ہی نہیں سکتا جہاں اِس کفالتی نظام روزگار کی قانونی اجازت ہو یعنی جہاں کے صنعتکاروں کو اخراجات پیداوار لامحدود حد تک کم کرنے کی آزادی ملی ہوئی ہو۔ تب اُس کمیونسٹ ملک کی پوری صنعت تباہ ہو جائے گی اور یہ وہی چیز ہے جسے ہم نے پورے ملک کا دیوالیہ ہونا قرار دیا ہے۔ اِسی بات کو مزید آگے بڑھائیں تو یوں بھی کہا جا سکتا ہے کہ دنیا بھر میں کہیں بھی اِس نظام کو قانونی حیثیت حاصل ہو گئی، سوشلزم اور کمیونزم بھی جہاں کہیں بھی ہو گا، براہِ راست اِس کی زد میں آ جائے گا۔ یہی وہ نکتہ ہے جس کی بنیاد پر ہم کہہ سکتے ہیں کہ یہ قانون اِنسانیت کو سوشلزم سے بھی تحفظ دیتا ہے جبکہ خود اِنحصاری اور معاشرتی خوشحالی جیسے مسائل اِس نظام کے سامنے خس و خاشاک سے زیادہ وقعت نہیں رکھتے۔

آیئے اب اِس نظام کو اجیر کی نظر سے دیکھیں۔ اجیر کے لیے ایک بڑی نعمت وہ رقم ہے جو اُسے اپنے حق اِستعفیٰ کی منتقلی پر اپنے آجر سے ملتی ہے۔ اِس رقم سے وہ اپنے قرض

ادا کر سکتا ہے، کسی بے سہارا عزیز کا فوری علاج کر اسکتا ہے یا کوئی اور ایسی فوری ضرورت پوری کر سکتا ہے جو کفالتی تحفظ کے دائرے سے باہر ہو۔

دوسری نعمت اُس کی بے فکری ہے۔ اپنی اور اپنے بیوی بچوں کی بے عیب کفالت کی ذمہ داری اب اُس پر نہیں رہی۔ اب یہ تمام ضروریات فراہم کرنا یعنی خوراک، رہائش، لباس، تفریحات، تعلیم، طبی تحفظ، غرض تمام ضروریات کا اپنے مساوی انتظام اور ان کی حفاظت کرنا اُس کے آجر کی ذمہ داری ہے جس میں عدم مساوات پر وہ بڑے مزے کے ساتھ عدالت سے رجوع کر کے واپسی قیمت ادا کیے بغیر معاہدہ منسوخ کرا سکتا ہے اور دوبارہ کسی دوسرے آجر سے معاہدہ کر کے مزید رقم حاصل کر سکتا ہے۔

تیسری نعمت اُس کیلئے ترقی کے مواقع ہیں۔ اُس پر لیبر ایکٹ کے مطابق مقررہ دورانیے کے بعد فرصت کے اوقات میسر ہوں گے۔ وہ روز مرہ کی فکروں سے آزاد ہے چنانچہ تفریح کر سکتا ہے، تعلیم حاصل کر سکتا ہے، زائد آمدنی حاصل کر سکتا ہے یا کوئی بھی علمی، ادبی، سائنسی، قومی، مذہبی یا سماجی خدمت کر کے خود کو معاشرے میں سر بلند کر سکتا ہے جو کہ ظاہر ہے، ذمہ داریوں اور تشویش کے عالم میں اُس کیلئے ناممکن ہے۔

یہ قانون غریب سے غریب اور امیر سے امیر غرض ہر شخص کو بھرپور تحفظ دیتا ہے کیونکہ یہ چھوٹے سے چھوٹے اور بڑے سے بڑے، ہر طرح کے معاہدۂ روز گار میں موثر ہے۔

ہم اپنے ارد گرد بہت سے ایسے افراد کو دیکھتے ہیں جو کسی نہ کسی ہنر میں مہارت کے حامل ہوتے ہیں مگر یہ لوگ اپنی قابلیت، اپنی ہنر مندی ایک راز بنا کر رکھتے ہیں اور اِس کی بنیاد پر اپنا ذریعہ آمدن تخلیق کیے ہوتے ہیں۔ کچھ لوگ ایسے ہوتے ہیں جن کے علم میں کوئی خفیہ ترکیب یا فارمولا ہوتا ہے اور اِس کی بنیاد پر وہ کوئی ایسی چیز بناتے ہیں جو مارکیٹ

میں اجارہ داری قائم کر لیتی ہے۔ یہی ترکیب، فارمولا یا نسخہ ان کا وہ راز ہوتا ہے جس کا تحفظ انہیں ہر قیمت پر رکھنا ہوتا ہے۔

اِس نوعیت کی بے شمار مثالیں ہمیں طب و حکمت، ہاؤس ہولڈ یا کاسمیٹکس مصنوعات، تیکنیکی میدان مثلاً ورکشاپس، کوکنگ مثلاً کسی ریسٹوران کی کوئی خصوصی ڈش، غرض زندگی کے تقریباً سبھی پہلوؤں میں بکھری نظر آتی ہیں جن میں تکنیک یا ترکیب کی راز داری پر اِسے جاننے والے کے بزنس کی بقاء اور امارت کا دارومدار ہوتا ہے۔

بڑی کمپنیوں کے مالکان کیلئے اپنی مصنوعات کی تکنیک پیدائش اور مارکیٹنگ کے داؤ پیچ کا تحفظ ایک بڑا مسئلہ ہوتا ہے اور ان کے پاس اِس کا راستہ یہی ہوتا ہے کہ وہ ان ملازموں کو جو ان کی کمپنی میں کچھ عرصہ کام کرنے کے بعد اپنے تجربہ کی وجہ سے ان میں سے کسی امر کے ماہر ہو چکے ہیں، بڑی بڑی تنخواہیں دے کر انہیں اپنی کمپنی میں روکے رکھیں۔۔ اور یہ بڑی بڑی تنخواہیں ان اداروں کے اخراجات پیداوار پر بہت بڑا بوجھ ہوتی ہیں۔

اِس تحفظ کی اہمیت ہم سب سمجھتے ہیں، ہم جانتے ہیں کہ جونہی ترکیب یا تکنیک کی حقیقت کسی دوسرے کو مل گئی، وہ اِس سے فائدہ اٹھالے گا اور جس شخص کیلئے یہ فارمولا اب تک غیر معمولی آمدن کا باعث بنتا رہا ہے، اپنی آمدن کم یا شاید ختم ہی کر بیٹھے گا۔ یہی وجہ ہے کہ جو لوگ کسی طرح کی بھی خفیہ تکنیک، نسخے، فارمولے یا مہارت سے واقف ہیں، اپنے فن کا راز کسی دوسرے کو نہیں سکھاتے، حتیٰ کہ ایک روز مر جاتے ہیں اور اِنسانیت ایک فائدہ مند نعمت سے محروم ہو جاتی ہے۔

اب کفالتی تحفظ کے معاہدے کے تناظر میں اِس مسئلے کو دیکھیے۔ جب حق اِستعفیٰ اپنے نام منتقل کرانے والے آجر کو یہ معلوم ہو گا کہ اُس کا ملازم اُس کے کاروبار کا راز جان

لینے کے بعد یعنی اُس کے ہاتھوں ایک قیمتی شخص بن جانے کے بعد اُسے فائدہ پہنچائے بغیر محض اپنی مرضی سے اُسے چھوڑ کر نہیں جا سکتا اور اُسے اُس وقت تک فائدہ پہنچاتا رہے گا جب تک وہ آجر خود چاہے گا، اور اگر اجیر اپنی مرضی سے اُسے چھوڑنا چاہے گا تو اُسے واپسی قیمت کی شکل میں اپنے قیمتی بننے کا معاوضہ ادا کرنا پڑے گا تو یقیناً اُس کا احساس تحفظ برقرار رہے گا اور وہ اپنی تمام تکنیک یا مہارت جس پر اُس کی دولت مندی کا دارومدار ہے، اپنے اجیر کو اِس قدر تیزی سے سکھا دے گا جس کا تنخواہ کے نظام میں تصور بھی نہیں کیا جا سکتا۔

اس کا مطلب ہے کہ اِس نظام کی بدولت معاشرہ کسی فائدہ مند راز سے یوں محروم ہونے سے بچ جائے گا جیسے وہ آجر کے مر جانے کی صورت میں ہوتا تھا۔

وسیع تر کینوس پر اِس فائدے کو Imagine کرنے سے یہ احساس بھی ہوتا ہے کہ جب کوئی بھی دریافت، کوئی نادر فارمولا ضائع نہ ہوگا تو طبی سائنسی علمی تحقیق وترقی کی رفتار خود بخود تیز ہو جائے گی۔ بہت سے ایسے راز جو اِنفرادی طور پر مختلف افراد کو معلوم ہیں، اِس ترقی میں تبھی مددگار ہو سکتے ہیں جب وہ ماہرین کے ہاتھوں میں پہنچ جائیں اور اِس کی امید تبھی ہو سکتی ہے جب معاشرے سے ان رازوں کے غائب ہونے کا سلسلہ ختم نہ ہو جائے۔۔۔ اور اِس کی گارنٹی صرف کفالتی تحفظ کا یہی نظام دے سکتا ہے۔

اجیر کی نظر سے دیکھنے پر ہمیں احساس ہوتا ہے کہ اُس کیلئے ایک بڑی نعمت وہ فوری علم یا مہارت ہے جو اِس کفالتی معاہدے کے طے پا جانے کے بعد اُسے اپنے آجر سے برق رفتاری کے ساتھ حاصل ہوگی اور جس کے نتیجے میں وہ دیکھتے ہی دیکھتے عام آدمی سے ایک ہنر مند اور قیمتی اِنسان بنتا چلا جائے گا۔ تب آجر کی نظر میں اُس کی وقعت تقریباً ویسی ہی ہو جائے گی جیسی منہ بولے بیٹے کی ہوتی ہے۔ ظاہر ہے کہ قیمتی بننے کی یہ رفتار اُسے تبھی

حاصل ہو سکتی ہے جب اُس کے پاس اِستعفیٰ کا غیر مشروط حق نہ ہو اور وہ قیمتی بننے کے بعد آجر کو اسی طرح جب چاہے چھوڑ کر نہ جا سکے جس طرح ایک فرمانبردار بیٹا باپ کو چھوڑ کر نہیں جا سکتا۔

ماہرین طب اِس بات پر متفق ہیں کہ نوے فیصد بیماریاں بالواسطہ یا براہِ راست، فکر و پریشانی اور ذہنی تشویش سے یا تو جنم لیتی ہیں یا طوالت اِختیار کرتی ہیں۔ اِسی بات کو ہم یوں بھی کہہ سکتے ہیں کہ اگر ہمارے گرد و پیش کا ماحول تشویش کو جنم دینے والا نہ ہو تو بیماریوں کی شرح تقریباً معدوم ہو جائے گی۔ ہم یہ بھی جانتے ہیں کہ ہمارے معاشرے میں تشویش کی وجوہات کم مائیگی یا جنسی تشنگی کے احساسات ہیں۔ یہ بھی سمجھا جا چکا ہے کہ ان احساسات کی وجہ طبقاتی اِمتیاز، ہوسِ زر اور جنس کے ضمن میں ہمارا بنیادی اِنسانی حقوق کا غلط تعین ہے اور یہ کہ انہیں درست کرنے یا نکال باہر پھینکنے کیلئے ابتدائی لائحہ عمل یہی ہو سکتا ہے کہ ذہنوں میں افضلیت اور عظمت کی علامت بدل دی جائے جس کا طریقہ یہ ہے کہ ہر اِنسان کو اپنی جدوجہد کے عوض دولت کے درمیانی رابطے کے بغیر بھی فول پروف کفالتی تحفظ حاصل ہونے کا راستہ دستیاب ہو اور فطری جائداد یعنی حق اِستعفیٰ کی منتقلی کی اجازت ہو تا کہ اِخلاقیات اور خصائل "برتری اور عظمت" کی علامت بن جائیں اور شہرت اور ناموری، عہدہ واِختیارات کی پر شکوہ عمارت اِسی علامت پر ایستادہ ہو۔ یہ سب کچھ تبھی ممکن ہو گا جب معاشرے کے امیر اور غریب آدمی کا طرز زندگی ایک جیسا ہو جائے، اور امیر آدمی اپنے معیارِ زندگی کو سادہ بنانے پر اُس وقت تک آمادہ نہیں ہو سکتا جب تک اُسے اِس کام کا بہت بڑا فائدہ اپنے سامنے دکھائی نہ دے۔۔۔ اور یہ فائدہ صرف کفالتی خدمت گاری کا ایکٹ اُسے دے سکتا ہے۔

گزشتہ صفحات میں یہ ذکر کیا گیا تھا کہ اِس کفالتی معاہدے کا سب سے بڑا فائدہ یہ

ہے کہ یہ نظام معاشرے میں اِخلاق و اطوار، رویے، وتیرے، سلوک اور خصائل کو مالی اقدار Commercial Values بنا دیتا ہے۔ آیئے اِس منظر کو چشم تصور سے دیکھیں۔

یہ معاہدہ کرتے وقت جب کوئی اجیر اپنے آجر کو اپنے حق اِستعفیٰ کی اپنے آجر کو منتقلی کیلئے مالیت کا تعین کرنا چاہے گا تو وہ یقیناً آجر کے رویے، ہمدردی، انصاف پسندی، خوش مزاجی، حسن سلوک، عجز و انکسار، سخاوت اور فراخ دلی، غرض اعلیٰ اِنسانی اِخلاقی اقدار کو مد نظر رکھے گا۔ اِسی طرح آجر بھی اجیر کے حق اِستعفیٰ کی مالیت اور واپسی قیمت اُس کے نیک نیت، وفادار اور دیانت دار ہونے کے تاثر، صداقت، سادگی پسندی، خوش مزاجی، سلیقہ وعادات، تعاون پسندی اور دیگر اِخلاقی اقدار کی بنیاد پر ہی طے کرے گا۔ ہر دو فریق میں سے جس کی بھی یہ خصوصیات جتنی زیادہ ہوں گی اتنی ہی اُس کی مارکیٹ قدر و قیمت بھی زیادہ ہو گی۔ اگر آجر بہت اچھا، بااِخلاق اور محبتی ہے تو اجیر اپنے حق اِستعفیٰ کی کم مالیت بھی قبول کرلے گا۔ اِسی طرح اگر اجیر بردبار، سچا، فرض شناس، دیانت دار، محنتی اور ذہین ہے، بہت سے اوصاف اور نیک نیتی کی اچھی ساکھ کا حامل ہے تو آجر اُس کے حق کی زیادہ مالیت ادا کرنے پر بھی آمادہ ہو گا اور یوں ظاہر ہے کہ اِنسان کی ان ذاتی خوبیوں کو معاشرے میں کمرشل حیثیت حاصل ہو جائے گی جنہیں خود میں لامحدود تعداد یا مقدار میں پیدا کرنے کیلئے نہ تو دولت درکار ہوتی ہے اور نہ ہی یہ کسی سے خریدی یا چھینی جاسکتی ہیں۔ تب پھر کسی وعظ و تبلیغ کے بغیر ہی یہ خوبیاں معاشرے میں برتری کی علامت قرار پا جائیں گی اور افراد اِخلاقی اقدار، سادگی، ہمدردی، سچائی اور ایمانداری کی اپنی ساکھ بنانے کے لیے اسی طرح دیوانے ہوں گے جس طرح آج دولت کے ہو رہے ہیں۔ تب وہ معاشرہ دوبارہ وجود میں آجائے گا جس کے بارے میں تاریخ میں

لکھا ہے کہ لوگ خیرات کرنے کیلیئے رقم لے کر نکلتے تھے اور لینے والا نہیں ملتا تھا، اور یہی اِسلامی کلچر کا جزو لازم ہے۔

نفسیات کے ماہرین اِس امر پر سو فیصد متفق ہیں کہ تشویش میں مبتلا کوئی بھی فرد اپنے فرائض خاطر خواہ طور پر انجام نہیں دے سکتا، اِس لیے یہ کہنا غلط نہ ہو گا کہ افراد کی بھرپور ذہنی و جسمانی کارکردگی جو مجموعی شرح ترقی میں اضافے کے حوالے سے کسی بھی معاشرے کی سب سے پہلی ضرورت ہے، صرف اِسی کفالتی نظام روزگار کی اجازت سے ممکن ہے۔

اب ہم جنسی ضرورت کے تناظر میں اِس نظام کی افادیت کو دیکھتے ہیں۔ قدرت نے اِنسان میں جنس کا جو نظام رکھا ہے اُس میں مرد کو باہ کا پابند کیا ہے جبکہ ہم جانتے ہیں کہ عورت کے جسمانی نظام میں اِس کا کوئی وجود نہیں ہے۔ مرد کی اِس بناوٹ میں جب معاشی تشویش کے باعث ناتوانی اور کمزوری پیدا ہوتی ہے تو اِس سے دیگر بہت سی طبی اور عائلی پیچیدگیوں کے علاوہ اُس کے ذہن میں احساس کمتری یا احساس محرومی کی مہلک سوچ بھی جنم لیتی ہے۔ تب وہ اِس صلاحیت کو سہارا دینے کیلیئے برانگیختہ کرنے والی ادویات Stimulants شراب یا ضرر رساں کیمیائی مرکبات کشتے Aphrodisiacs وغیرہ اِستعمال کرتا ہے اور اِس کے نتیجے میں ابھرنے والے برے اثرات کا سامنا کرنے پر مجبور ہوتا ہے۔ ایسے حالات میں منشیات کے اِستعمال کے امکانات بھی کئی گنا بڑھ جاتے ہیں۔ اِس تمام تر صورت حال کی وجہ یہ ہے کہ اُس کو اپنی مردانہ پہچان میں نقاہت دکھائی دے رہی ہوتی ہے۔ اگر ایسا ہو جائے کہ اِس نقاہت کا امکان ہی ختم کر دیا جائے تو یہ کہنے کی ضرورت نہیں کہ معاشرے سے عطائیت تو درکنار، منشیات کا ہی خاتمہ ہو جائے گا۔ یہ امکان کس طرح ختم کیا جا سکتا ہے؟ آیئے اِس سوال کا جواب تلاش کریں۔

اِس نقاہت کی سب سے بڑی وجہ تشویش ہے۔ یہ تشویش نفسیاتی بھی ہو سکتی ہے یعنی عورت کو رضامند کرنے کی شرط۔۔ یہ تشویش معاشی بھی ہو سکتی ہے یعنی دولت کی کمی کا احساس اور اِس کے نتیجے میں معاشرتی وقار میں کمی کی فرسٹریشن۔ یہ تشویش طبی بھی ہو سکتی ہے یعنی انفیکشن کا احتمال جو اِس ضرورت کی تکمیل میں رکاوٹ بنتا ہے۔

ماہرین طب جانتے ہیں کہ قوت مردمی کو سب سے زیادہ نقصان پہنچانے والا عامل ذہنی تشویش ہے۔ جب کوئی شخص متفکر ہوتا ہے تو اُس کا یہی تفکر اپنی شدت کے تناسب کے مطابق اِس قوت پر اثر انداز ہوتا ہے۔ تشویش کے محرکات اور ان کے ازالے کا ہم پہلے ہی سیر حاصل احاطہ کر چکے ہیں لہٰذا انہیں یہاں خوامخواہ آموختہ بنانا بے سود ہے۔

اِس صلاحیت میں نقاہت کی دوسری بڑی وجہ اِس کی نشو ونما میں کمی ہے۔ اِنسانی جسم کی کارکردگی کا فطری اصول عام مشینوں سے مختلف، بلکہ متضاد ہے۔ اِنسان کی جس صلاحیت کو جتنا جلدی اور جتنا زیادہ اِستعمال میں لایا جائے وہ اسی قدر افزائش حاصل کرتی ہے اور اتنی ہی زیادہ طویل العمر ہوتی ہے۔ مثال کے طور پر ابتدا ہی سے محنت و مشقت کے عادی افراد کے قویٰ بڑھاپے تک متحرک اور فعال رہتے ہیں، کھلی فضا میں رہنے والوں پر موسم کی تبدیلی کا اثر کم ہوتا ہے، ذہنی صلاحیت تعلیم یافتہ لوگوں میں زیادہ ہوتی ہے، اِسی طرح اگر ہر مرد کو اُس کی اِس ضرورت کی تکمیل کا آسان اور محفوظ راستہ ابتدائے بلوغت سے ہی میسر رہے تو اُسے نہ صرف اپنی قوت میں کبھی نقاہت محسوس نہیں ہوگی بلکہ یہ توانائی اُس میں کسی خارجی سہارے، کسی کیمیائی مرکب یا منشیات کے بغیر اُس کے آخری سانس تک موجود رہے گی خواہ وہ سو سال کا ہی کیوں نہ ہو جائے۔

آج ہمارے مہذب معاشروں میں دستور یہ ہے کہ لڑکا جب بالغ ہوتا ہے تو اُسے سب سے پہلے عورت کو رضامند کرنے کی شرط کا سامنا ہوتا ہے، تب وہ شادی کے بارے

میں سنجیدگی سے سوچتا ہے اور اگر اسے مالی پریشانی نہ بھی ہو تو بھی اِس نتیجے پر پہنچتا ہے کہ اگر اُس سے بیوی کے انتخاب میں کوئی غلطی ہو گئی تو ساری عمر کا پچھتاوا مقدر ٹھہرے گا چنانچہ خوب سے خوب تر کی تلاش میں وہ شادی کا فیصلہ موخر کرتا جاتا ہے۔ اِس تاخیر کے نتیجے میں اُس کی جنسی طلب عدم تکمیل کی وجہ سے فرسٹریشن میں بدلنے لگتی ہے۔ تب وہ شادی کے بغیر ہی عورت کو عارضی طور پر رضامند کرنے کیلئے اضافی دولت حاصل کرنے کے بارے میں سوچتا ہے اور چکلے کی طرف بھاگتا ہے۔ وہ عورت کی نظریں خود پر مرکوز کرانے کیلئے سپورٹس، ایڈونچر، شوبزنس یا کسی منفی میدان مثلاً غنڈہ گردی کے ذریعے جسمانی قوت اور دلیری کا مظاہرہ کر کے خود کو ہیرو پوز کرنے کی کوشش کرتا ہے۔ وہ عورت سے نقلی وفا محبت اور سوچ کی ہم آہنگی کا ناٹک رچاتا ہے تاکہ قسموں وعدوں کے راستے سے اُس کے جسم تک پہنچے۔ کوئی مثبت ذریعہ نہ بننے پر یا کسی ناکامی پر وہ شدید فرسٹریشن میں مبتلا ہو کر Rape کا اِرتکاب کر سکتا ہے یا اِس فرسٹریشن سے جان چھڑانے کیلئے کوئی راہِ فرار اِختیار کر سکتا ہے۔ یہ وہی راہِ فرار ہے جس کی آخری منزل منشیات ہیں۔ مختصر یہ کہ ہمارے معاشروں میں اُسے جہاں نشو و نما کا ماحول نصیب نہیں ہو تا وہاں ساتھ ہی تشویش کے عوامل بھی بڑھتے جاتے ہیں جو بذاتِ خود اِس کمزوری کے پیدا ہونے کا بہت بڑا باعث ہیں۔

اِس تمام خرابی کی وجہ یہی ہے کہ ہر مرد کیلئے ابتدائے بلوغت سے ہی عورت تک شائستہ، محفوظ اور حسب ضرورت رسائی تقریباً ناممکن ہے۔ کفالتی تحفظ کے نظام میں شادی کے معاہدے کے مطابق عورت چونکہ اجیر ہے اور اُس کی خدمات کا صرف نسل اِنسانی کی پیدائش اور پرورش تک محدود ہونا لازم نہیں ہے لہٰذا ایسا معاہدہ ممکن ہے جس میں یہ اُس کے آجر شوہر کو حق ہو کہ وہ نسل اِنسانی کی پیدائش کی جگہ کوئی دوسری خدمات

اپنی اجیر بیوی کی ذمہ داری قرار دے سکتا ہے۔ (پابندی صرف یہ ہے کہ بیک وقت دو جگہ خدمات نہیں لی جاسکتیں) ظاہر ہے کہ اِس صورت میں مرد کو خوب سے خوب تر کی تلاش میں اِس کفالتی شادی کو مؤخر کرتے رہنے کی کوئی ضرورت نہ ہو گی، اِس لیے کہ کسی مجبوری یا ناپسندیدگی کی صورت میں اُس کیلئے اپنی اجیر بیوی کی خدمات کو نسل اِنسانی کی پیدائش کی بجائے کسی ذریعہ آمدن مثلاً تدریسی یا تربیتی یا گھریلو صنعتی دستکاری وغیرہ کی شکل میں بدل دینا اور پھر ان خدمات کو کسی تیسرے شخص کو منتقل کر دینا عین ممکن ہو گا۔

یہاں ممکن ہے کہ بعض قارئین کو اِس نظام کی افادیت پر شک ہو اور انہیں یہ گمان گزرے کہ یہ قانون صرف امیر آدمی کو ہی فائدہ پہنچا سکتا ہے اور غریب آدمی چونکہ حقوق خریدنے کی اِستطاعت نہیں رکھتا ہو گا لہٰذا اُس کیلئے یہ قانون بے معنی ہے۔۔۔ اِس غلط فہمی کی اصلاح ضروری ہے۔

سب سے پہلے تو یہ سمجھنا ضروری ہے کہ اِس ایکٹ میں اجیر کیلئے اپنے حقوق کی قیمت کیلئے کوئی حد مقرر نہیں کی گئی ہے۔ اگر کوئی عورت چاہے تو اپنا حق اِستعفیٰ ایک گلاس پانی کے عوض بھی فروخت کر سکتی ہے۔ اِس کی وجہ یہ ہے کہ اِس معاہدۂ روزگار کا اصل مقصد تو اجیر کو بے عیب یعنی مساویانہ کفالتی تحفظ کی فراہمی ہے جبکہ حقوق کی منتقلی سے رقم کا حصول اجیر کیلئے ایک اضافی فائدہ کا درجہ رکھتا ہے جس کا اصل مقصد یہ ہے کہ آجر کیلئے احساس اپنائیت کی ایک بہت بڑی ترغیب پیدا ہو سکے اور اُسے ہر وقت یہ معلوم رہے کہ وہ جس سے اپنے فیملی ممبر کی طرح سلوک کر رہا ہے وہ جب چاہے اُسے دھتکار کر، اُس کی نوکری کو لات مار کر نہیں جائے گا۔

اِسی طرح کفالت بھی کوئی مسئلہ نہیں ہے، مثال ملاحظہ فرمائیے۔ فرض کیا آپ ایک غریب لیکن نہایت نیک نام مرد ہیں اور آپ کے بارے میں لوگوں کا تاثر یہ ہے کہ

آپ اعلیٰ اِخلاق و عادات، دیانت اور ہمدردی جیسی خوبیوں سے متصف ایک سچے اور بردبار شخص ہیں۔ غربت کی وجہ سے آپ نے شادی نہیں کی یا اگر کی ہے تو آپ کی زندگی محرومیوں کی شکار ہے۔ آپ کو اپنی موجودہ بیوی سے جو شکایتیں ہیں ان میں سے ایک یہ بھی ہے کہ وہ آپ کے ساتھ جسمانی تعلق کیلئے بڑی مشکل سے رضامند ہوتی ہے یا اُس کو آپ کے بچے کی پیدائش سے دلچسپی نہیں ہے یا آپ کی غربت یا نظریات یا مذہبی مسلک اُس کو پسند نہیں اور آپ کو اُس کے رویے سے نفرت کا شائبہ ہوتا ہے یا وہ کسی طبی مجبوری کے باعث آپ کی شریک حیات ہونے کا حق ادا نہیں کر سکتی جس کی وجہ سے آپ کی گھر گرہستی متاثر ہو رہی ہے۔۔ غرض ایسی کئی وجوہات ہو سکتی ہیں جن کی بنا پر آپ خود کو دوسری شادی کرنے میں حق بجانب سمجھتے ہیں لیکن غربت، یا بار بار رضامندی حاصل کرنے کا قانون مزاحم ہے چنانچہ جنسی تشنگی کی فرسٹریشن اپنی قوتِ ارادی کے بل پر اذیت کے ساتھ برداشت کر رہے ہیں اور اِس کے اثرات آپ کے مزاج میں رونما ہو رہے ہیں مثلاً آپ کو طیش زیادہ آنے لگا ہے، قدرے چڑچڑے بھی ہوتے جا رہے ہیں، یکسوئی کم اور اکتاہٹ جلد ہونے لگی ہے جس سے بلڈ پریشر ذیابیطس جیسے عارضوں کی علامات نمودار ہونے لگی ہیں۔۔۔ وغیرہ، اب اگر معاہدۂ روزگار کے اصول پر مبنی شادی کی اجازت آپ کو مل جائے تو آپ کے تمام مسائل حل ہو جائیں گے۔ آپ سب سے پہلے اُس عورت کو ڈھونڈیں گے جو آپ کی نیک نامی سے متاثر ہو کر اپنے حق اِستغنیٰ کی قیمت بہت کم وصول کرنے پر تیار ہو۔ وہ کوئی بھی ایسی عورت ہو سکتی ہے جو محبت و اپنائیت اور سکون کی متلاشی ہو، جو خوبصورت نہ ہو، سمارٹ نہ ہو، بے شک جسمانی طور پر معذور ہو یا آپ کی طرح غریب ہو، بے سہارا ہو، بیوہ ہو یا طلاق شدہ ہو۔۔ غرض معاشرے میں کئی ایسی سمجھدار عورتیں ہو سکتی ہیں جو آپ کے اعلیٰ اِخلاق و اطوار کو دیکھتے ہوئے آپ کی

غربت کے باوجود خوشی خوشی آپ کے ساتھ یہ شادی کا معاہدہ کرنے پر آمادہ ہو سکتی ہیں۔

اب کفالتی تحفظ کی فراہمی اِس لیے آسان ہے کہ شرط صرف مساویانہ معیارِ زندگی کی ہے۔ اگر آپ جھونپڑی میں بھی رہتے ہیں تو بھی وہ آپ کے ساتھ رہے گی۔ معاشرے میں طبقاتی اِمتیاز نہ ہونے کی وجہ سے آپ کے اور آپ کے بچوں کیلئے فرسٹریشن کا کوئی احتمال نہیں ہوگا لہٰذا آپ کی غربت آپ کیلئے احساسِ محرومی کا باعث نہیں بنے گی۔ اِس کے علاوہ یہ بھی اپنی جگہ ایک حقیقت ہے کہ آپ اگر کسی وقت مناسب سمجھیں تو اپنی اُس اجیر بیوی کی ذمہ داریاں بدل بھی سکتے ہیں یعنی اُس کی نسل اِنسانی کے فروغ کی ذمہ داریاں موقوف کر کے کسی نوع کی معاشی ذمہ داریاں مثلاً کسی طرح کی مینجمنٹ، فارمنگ، کوکنگ، تدریس یا کاریگری پر مبنی ذمہ داریاں اُس کے سپرد کر سکتے ہیں اور نسل اِنسانی کی پیدائش کی ذمہ داری کسی دوسری اجیر کے سپرد کرنے کا اِستحقاق رکھتے ہیں۔ اگر آپ کسی وقت محسوس کریں کہ اُس اجیر بیوی سے آپ کی ذہنی ہم آہنگی گہری ہو چکی ہے تو آپ پر اُس کو اجیر کے رتبے سے بلند کر کے اپنے ہم پلہ (زوج) بنانے یعنی اُس سے نکاحِ زوجیت کا معاہدہ کرنے پر کوئی پابندی نہیں ہے۔

اِسلامی کلچر کے اِس منظر نامے سے یہ ثابت کرنا مقصود ہے کہ یہ قانون معاشرے کے ہر فرد کو خواہ وہ امیر ہو یا غریب، فرسٹریشن یا جرم پر مجبور نہ ہونے کی گارنٹی دیتا ہے۔ اِس قانون کی اجازت مل جانے سے ہر ایک کو ضروریات زندگی کی تکمیل کے سنہری مواقع دستیاب ہوں گے کہ کسی دل میں جرم اور سماجی برائیوں کی خواہش ہی نہ ابھرے گی۔ تب پھر اُس وقت جرم کیلئے کم سزا بھی کافی ہوگی کیونکہ معاشرے کی فضا ایسی بن جائے گی کہ جرم تو کیا، محض قبیح حرکت مثلاً جہیز اور نمود و نمائش کے ارتکاب پر ہی جس معاشرتی تحقیر آمیز ردعمل کا سامنا ہوگا وہی اُس کیلئے ناقابل برداشت ہوگا۔

آج ہمارے بعض معاشروں میں گھر سنبھالنا بھی عورت کی ذمہ داری کا حصہ سمجھا جاتا ہے جبکہ حقیقت یہ ہے کہ نسلِ اِنسانی کے فروغ کی ڈیوٹی کے دوران یہ کام اُس کی ذمہ داریوں کا حصہ نہیں بنتا بلکہ یہ اپنے آپ میں ایک علیحدہ اور مکمل ذمہ داری ہے، اور یہ بھی یاد رکھنا چاہیے کہ جب تک شوہر اُس کے ساتھ جسمانی تعلق قائم کیے ہوئے ہے، وہ عورت قانون کی نظر میں فروغِ اِنسانیت کی ڈیوٹی دیتی ہوئی ہی سمجھی جائے گی، خواہ وہ کسی طبی وجہ سے ماں نہ بن پا رہی ہو یا اُس کا شوہر اولاد پیدا نہ کرنا چاہتا ہو۔۔۔ چنانچہ اپنے شوہر کے گھر کو سنبھالنا، صفائی دھلائی، گوندھنا پکانا، قانون کی نظر میں اُس کے شوہر کا اُس پر حق نہیں بلکہ اُس کا اپنے شوہر کیلئے ایثار ٹھہرے گا۔ جب شوہر کو اِس ایثار کا احساس رہے گا تو وہ گھر گرہستی کے ہر کام پر اپنی بیوی کا ممنون ہو گا خواہ بیوی پھوہڑ ہی کیوں نہ ہو۔ تب وہ اُس کی کسی غلطی پر چراغپا ہونے کی بجائے الٹا اُسے اُس کے ایثار کے بدلے میں تواضع دے گا، اُسے سیر و تفریح کرائے گا، تحائف دے گا اور وہ سب کچھ کرے گا جو تواضع کا تقاضا پورا کرنے کیلئے کیا جاتا ہے۔ یہ تبھی ممکن ہو گا جب اُسے یہ باور کرا دیا جائے گا کہ وہ اُس عورت کو کفالتی تحفظ اُس کے ساتھ صرف جسمانی تعلق کے حق کے عوض دے رہا ہے، گھر سنبھال کے عوض نہیں۔۔ ۔ اب اِنسان کی ضرورت یہ بھی ہم دیکھ چکے ہیں کہ وہ دوسروں پر اپنی برتری ثابت کرنا چاہتا ہے چنانچہ شوہر اور بیوی ایثار اور تواضع میں ایک دوسرے پر سبقت حاصل کرنے کی لاشعوری کوشش کریں گے۔ یقیناً اِس فضا میں پروان چڑھنے والی اولاد ایسے خصائل کی حامل ہو گی جن کے نتیجے میں دنیا کا اعلیٰ ترین معاشرہ وجود میں آتا ہے۔

اِس قانون کے مجموعی فوائد کی اگر فہرست بنائی جائے تو ہمیں پتہ چلتا ہے کہ بہت سے ایسے معاشرتی معاملات بھی جو بظاہر اِس سے علیحدہ محسوس ہوتے ہیں، دراصل اِسی

سے متعلق ہیں، مثال کے طور پر ہپی ازم کا کوئی تصور باقی نہیں رہے گا کیونکہ یہ فلسفہ زندگی کے تفکرات سے فرار کی کوشش کا مظہر ہے۔ اگر زندگی میں تشویش کا ہی گزر نہ رہے تو اِس کا تو درکنار، منشیات، حتیٰ کہ شراب اور تمباکو نوشی کا چلن بھی کم ہوتا چلا جائے گا۔

معذوروں اور ضعیف العمر افراد کے مسائل ختم ہو جائیں گے۔ ان لوگوں کے مسائل کا سبب یہی ہے کہ انہیں اتنی اُجرت نہیں ملتی جس سے ضروریات پوری ہو سکیں۔ کفالتی معاہدے میں یہ مسئلہ بھی پیدا نہیں ہو گا کہ اِس کے مطابق اُجرت یعنی کفالتی معیار میں کمی بیشی کا کوئی تصور ممکن ہی نہیں ہے۔ معذور افراد کیلئے صرف اتنی محرومی ہو سکتی ہے کہ انہیں اپنے حقِ اِستعفیٰ کی وہ قیمت نہ مل سکے جو دوسرے صحت مند فرد کو مل رہی ہے، مگر یہ امر اِس لیے تشویش یا فرسٹریشن کا باعث نہیں ہے کہ اِس کا ضروریاتِ زندگی کی فراہمی سے کوئی تعلق ہی نہیں ہے۔

ویسے حقِ اِستعفیٰ کی قیمت میں یہ کمی بھی یقینی نہیں ہے۔ آپ نے دیکھا ہو گا کہ معذور افراد کی وہ حس جو بالکل درست حالت میں ہوتی ہے، عام آدمی سے کہیں زیادہ بہتر اور تیز ہوتی ہے مثلاً نابینا افراد کی سننے اور سونگھنے کی حس۔ اگر اِس کے اِستعمال پر مبنی کوئی خدمات وہ انجام دے تو یقیناً وہ عام آدمی سے بہتر کارکردگی کا مظاہرہ کرے گا، اور یہ ایک ایسی حقیقت ہے جو اُس کے حقِ اِستعفیٰ کی مالیت میں اضافہ کرے گی۔ اِسی طرح ضعیف العمر افراد کے پاس حقِ اِستعفیٰ کی مالیت میں اضافہ کرنے کیلئے ان کا تجربہ ہے جسے اپنے زیرِ نگیں کرنے کیلئے ہر سمجھدار آجر زیادہ قیمت ادا کرنے سے بھی دریغ نہیں کرے گا۔

بے روزگاری الاؤنس، ریٹائرمنٹ اور پنشن کا تصور باقی نہیں رہے گا کیونکہ نظریہ ضرورت کی رو سے ہر غیر ضروری شے اپنی ڈیمانڈ کھو دیتی ہے۔

خاندانی منصوبہ بندی بے معنی بات ہو جائے گی۔ زیادہ آبادی کو اِسی لیے مسئلہ کہا جاتا ہے کہ معاشرے میں وجہ تشویش یعنی دولت، اکلوتے درمیانی رابطے اور برتری کی پہچان کی حیثیت رکھتی ہے۔ اگر اِخلاقیات اور ساکھ برتری کی علامت بن جائیں تو ظاہر ہے کہ اولاد کا زیادہ ہونا مفید تر ہو جائے گا۔

زیادہ گہرائی میں جائیں تو ہماری Imagination یہ بھی بتاتی ہے کہ وسیع تر ارضیاتی مسائل مثلاً وائلڈ لائف، آلودگی، کرۂ ارض کا بڑھتا ہوا درجہ حرارت، اوزون گیس کی حفاظتی تہہ اور ایسے دیگر پیچیدہ لاینحل مسائل کا حل بھی اِسی نظام سے برآمد ہو گا۔ ٹریفک کا دھواں، جنگلات کی تیزی سے کٹائی اور دیگر عوامل جو اِس ساری صورت حال کی وجہ بنے ہیں، زیادہ سے زیادہ دولت کی ہوس کا ردعمل ہیں اور اِس کی وجہ ہم سمجھ چکے ہیں۔ اگر معاشرے میں دولت کی بجائے اِخلاقیات کمرشل ویلیو اِختیار کر جائیں تو ہوس ختم ہو جائے گی، چنانچہ کرہ ارض کی سرسبزی و شادابی، سائنسی تحقیق اور مادی ترقی، غرض ہر فائدہ مند چیز میں خود بخود اضافہ شروع ہو جائے گا، اور یہی ان مسائل کا آسان ترین حل ہے۔

ماحولیاتی آلودگی اِنسانی امراض کا تیسرا بڑا سبب ہے اور اِسی کی وجہ سے ناقص غذا اور فضا اِنسان کا مقدر بنی ہوئی ہے جو بیماریوں کی شرح پیدائش میں اضافے یا ان کی طوالت کا باعث بننے میں جنسی تشنگی اور ذہنی تشویش کے شانہ بشانہ ہے۔ ظاہر ہے کہ اِس ساری صورت حال کی بنیاد بھی زیادہ سے زیادہ دولت حاصل کر لینے کی ہوس ہے چنانچہ اگر اوپر بیان کردہ تجزیہ درست ہے تو یہ کہنا بھی غلط نہ ہو گا کہ اِس قانون کے نتیجے میں جب معاشرے میں دولت مندی کی بجائے اِخلاق واحسان ذریعہ عزت بن جائے گا تو کرۂ ارض پر اِنسانی اور غیر اِنسانی، تمام زندگی محفوظ ہونے لگے گی یعنی زمین کا درجہ حرارت،

اوزون گیس کی حفاظتی تہہ، جنگلات اور وائلڈ لائف کے مسائل سدھر جائیں گے اور اِس سے پیدا ہونے والی اِنسانی اور حیوانی بیماریوں کی شرح بھی معدوم ہو جائے گی۔ دوسری طرف اِنسان کی فطری خوبیوں کو مارکیٹ میں کمرشل قدر و قیمت حاصل ہونے کے بعد سماجی برائیوں منافقت، جھوٹ، اقربا پروری، جہیز اور جرائم یعنی رشوت، کالا بازار، جسم فروشی، فراڈ، سرقہ، جبری آبروریزی وغیرہ کا وجود خود بخود ختم ہوتا ہوا دکھائی دے جاتا ہے لہٰذا اِس کی لمبی چوڑی تفصیل یہاں زیر بحث لانا غیر مناسب ہے۔ زندگی کے ہر موضوع مثلاً قدرتی آفات، جنریشن گیپ، انتخابی عمل وغیرہ کو فرداً فرداً زیر نظر لانا اور اِس نظام میں ان کا ایک ہی طریقے سے حل پیش کرنا تضیع اوقات کے سوا کچھ نہیں ہے لہٰذا صرف اتنا عرض کرنا کافی محسوس ہوتا ہے کہ ہم زندگی کے کسی بھی مسئلہ کا تجزیہ کریں اِس مکمل نظام کے کینوس پر ہر الجھن کا وجود غائب ہوتا ہوا دکھائی دے گا۔

اس قانون کا نام قرآن کی اصطلاح میں "ملک یمین" ہے اور قرآن میں متعدد مقامات پر مختلف حوالوں اور پہلوؤں سے اس قانون کے قواعد و ضوابط بیان کیے گیے ہیں لیکن ہماری بد قسمتی ہے کہ ہم نے اسے لونڈی غلام بہ معنی Slavery کا کر یہہ نام دے کر اسے مہجور کر رکھا ہے یعنی پس پشت پھینک رکھا ہے۔

* * *